FRÉDÉRIC BASTIAT
A LEI

FRÉDÉRIC BASTIAT
A LEI

Prefácio à edição brasileira por *Ives Gandra da Silva Martins*
Prefácio à edição norte-americana por *Walter Williams*
Introdução à edição norte-americana por *Sheldon Richman*
Apresentação à edição norte-americana por *Thomas J. DiLorenzo*
Notas do editor à edição brasileira por *Alex Catharino*
Tradução de *Pedro Sette-Câmara*

São Paulo | 2019

Impresso no Brasil, 2019

Título original: *La Loi*
Copyright © 2019 by LVM Editora
Copyright dos textos de Walter
Williams e Sheldon Richman
© 1998 by Foundation for Economic Education (FEE)
Copyright do texto de Thomas J.
DiLorenzo © 2007 by Mises Institute

Os direitos desta edição pertencem
à LVM Editora
Rua Leopoldo Couto de Magalhães
Júnior, 1098, Cj. 46
04.542-001. São Paulo, SP, Brasil
Telefax: 55 (11) 3704-3782
contato@lvmeditora.com.br ·
www.lvmeditora.com.br

Editor Responsável | Alex Catharino
· *Tradução* | Pedro Sette-Câmara
· *Revisão da Tradução* |
Karleno Bocarro / Armada
· *Revisão ortográfica e gramatical* |
Márcio Scansani / Armada
· *Revisão técnica e Preparação de
texto* | Alex Catharino · *Revisão
final* | Márcio Scansani / Armada
· *Capa e Projeto gráfico* | Luiza
Aché / BR 75 · *Diagramação e
editoração* | Laura Arbex / BR 75
· *Elaboração de Índice Remissivo e
Onomástico* | Márcio Scansani /
Armada · *Produção editorial* |
Alex Catharino & Silvia Rebello
· *Pré-impressão e impressão* | PlenaPrint

Dados Internacionais de Catalogação na Publicação (CIP)
Angélica Ilacqua CRB-8/7057

B324L
Bastiat, Frédéric, 1801-1850
A lei / Frédéric Bastiat ; prefácio à edição brasileira
por Ives Gandra da Silva Martins ; prefácio à edição
norte-americana por Walter Williams ; introdução à edição
norte-americana por Sheldon Richman ; apresentação à
edição norte-americana por Thomas J. DiLorenzo ; notas do
editor à edição brasileira por Alex Catharino ; tradução
de Pedro Sette-Câmara. — São Paulo : LVM Editora, 2019.
128 p.

ISBN: 978-85-93751-55-4
Título original: La loi

1. Direito e socialismo 2. Direito e filosofia 3. Propriedade.
Economia 4. Justiça 5. Propriedade Privada 6. Liberalismo
7. Socialismo I. Título II. Martins, Ives Gandra da Silva
III. Williams, Walter IV. Richman, Sheldon V. DiLorenzo,
Thomas J. VI. Catharino, Alex VII. Sette-Câmara, Pedro

CDD 340.1

19-0619
Índices para catálogo sistemático:
1. Direito e filosofia 340.1

Reservados todos os direitos desta obra.
Proibida toda e qualquer reprodução integral desta edição por qualquer
meio ou forma, seja eletrônica ou mecânica, fotocópia, gravação ou qualquer outro meio de reprodução sem permissão expressa do editor.
A reprodução parcial é permitida, desde que citada a fonte.

*Esta editora empenhou-se em contatar os responsáveis pelos direitos autorais de todas as imagens e de outros materiais utilizados neste livro.
Se porventura for constatada a omissão involuntária na identificação de
algum deles, dispomo-nos a efetuar, futuramente, os possíveis acertos.*

Sumário

9   Nota do Editor
Alex Catharino

13   Prefácio à Edição Brasileira
Ives Gandra da Silva Martins

17   Nota do Tradutor
Pedro Sette-Câmara

19   Prefácio à Edição Norte-americana de 1998
Walter Williams

25   Introdução à Edição Norte-americana de 1998
Sheldon Richman

33   Apresentação à Edição Norte-americana de 2007
Thomas J. DiLorenzo

39	A Lei
41	1 – A Vida é um Dom de Deus
42	2 – O que é a Lei?
44	3 – Um governo justo e estável
45	4 – A completa perversão da Lei
46	5 – A tendência fatal da humanidade
47	6 – Propriedade e espoliação
48	7 – Vítimas da espoliação legalizada
49	8 – Resultados da espoliação legalizada
49	9 – O destino dos não conformistas
50	10 – Quem julgará?
51	11 – Razão para restringir o voto
52	12 – A solução está em restringir a função da lei
53	13 – A ideia fatal de espoliação legalizada
54	14 – A perversão da Lei causa conflito
55	15 – Escravidão e tarifas constituem espoliação
56	16 – Duas espécies de perversão
57	17 – A Lei defende a espoliação
57	18 – Como identificar a espoliação legalizada
58	19 – A espoliação legalizada tem muitos nomes
59	20 – Socialismo é espoliação legalizada
60	21 – A escolha diante de nós
61	22 – A função própria da lei
61	23 – A sedutora atração do socialismo
62	24 – A fraternidade forçada destrói a liberdade
63	25 – A espoliação viola a propriedade
64	26 – Três sistemas de espoliação
64	27 – A lei é força
65	28 – A lei é um conceito negativo

66	29 – A abordagem política
67	30 – A lei da caridade
67	31 – A lei da educação
68	32 – A lei da moralidade
69	33 – Uma confusão de termos
70	34 – A influência dos escritores socialistas
72	35 – Os socialistas desejam desempenhar o papel de Deus
73	36 – Os socialistas desprezam a humanidade
74	37 – A defesa do trabalho como compulsório
75	38 – Defesa do governo paternalista
76	39 – A ideia da humanidade passiva
78	40 – Os socialistas ignoram a razão e os fatos
80	41 – Um nome famoso e uma ideia má
81	42 – Uma ideia horripilante
83	43 – O líder dos democratas
84	44 – Os socialistas querem o conformismo forçado
85	45 – Os legisladores desejam moldar a humanidade
86	46 – Os legisladores disseram como dirigir os homens
87	47 – Uma ditadura temporária
88	48 – Os socialistas querem a igualdade de riquezas
89	49 – O erro dos escritores socialistas
90	50 – O que é a liberdade?
91	51 – A Tirania filantrópica
93	52 – Os socialistas querem a ditadura
94	53 – A arrogância ditatorial

94	54 – O caminho indireto para o despotismo
97	55 – Napoleão queria uma humanidade passiva
98	56 – O círculo vicioso do socialismo
99	57 – A doutrina dos democratas
100	58 – O conceito socialista de liberdade
101	59 – Os socialistas temem todas as liberdades
101	60 – A ideia do super-homem
102	61 – Os socialistas rejeitam a eleição livre
103	62 – Causas da revolução na França
104	63 – O imenso poder do governo
106	64 – Política e Economia
106	65 – A legítima função da legislação
107	66 – Lei e caridade não são a mesma coisa
108	67 – Caminho direto para o comunismo
109	68 – A base para um governo estável
110	69 – Justiça significa igualdade de direitos
111	70 – O caminho para a dignidade e o progresso
112	71 – Ideia posta à prova
113	72 – A paixão do mando
114	73 – Deixem-nos agora experimentar a liberdade

Nota do Editor

A obra de Frédéric Bastiat (1801-1850) é conhecida no Brasil desde o século XIX, tendo influenciado tanto as aulas da cadeira de Economia Política ministradas na Academia de São Paulo pelo advogado, jornalista e político curitibano João da Silva Carrão (1810-1888), o Conselheiro Carrão, e pelo advogado e político paulistano José Luiz de Almeida Nogueira (1851-1914) quanto servido de inspiração para Silva Figueiró com o projeto do *Jornal dos Economistas*, um periódico quinzenal, publicado no Rio de Janeiro que circulou entre os anos de 1882-1883 e 1887-1889. No entanto, uma propagação maior da obra do economista e jornalista liberal francês em nosso país se deve ao trabalho de publicação de algumas de suas obras na década de 1980 pelo Instituto Liberal (IL), que foram reeditadas em 2010 pelo Instituto Mises Brasil (IMB).

O livreto *A Lei*, publicado originalmente em francês no ano de 1850, foi lançado pelo IL em 1987, com tradução de Ronaldo da Silva Legey, sendo reeditada pela mesma instituição em 1991 e, posteriormente, pelo IMB em 2010. Esta versão que se tornou bastante popular foi elaborada a partir da versão em inglês, traduzida do francês por Dean Russell e lançada pela primeira vez, em 1968, pela Foundation for Economic Education (FEE).

Nesta edição publicada em 2019 pela LVM Editora, optamos por uma nova tradução, feita por Pedro Sette-Câmara, tendo como base os originais em francês publicado na *Œuvres complètes* de Frédéric Bastiat. Além de uma nota inicial de advertência, o tradutor incluiu algumas notas de rodapé, assinaladas como (N. T.). A revisão da nova tradução foi feita por Karleno Bocarro e a revisão ortográfica e gramatical ficou aos cuidados de Márcio Scansani, que, também, elaborou o índice remissivo e onomástico. Fizemos a revisão técnica da obra e acrescentamos algumas notas do editor (N. E.).

Um prefácio exclusivo para a edição brasileira foi escrito pelo renomado jurista Dr. Ives Gandra da Silva Martins. Por fim, acrescentamos o prefácio de Walter Williams e a apresentação de Sheldon Richman para a nova edição lançada em 1998 pela FEE, bem como o prefácio de Thomas J. DiLorenzo para a edição de 2007 do Mises Institute. Os três ensaios foram traduzidos do inglês para o português por Pedro Sette-Câmara.

Em nome de toda a equipe da LVM Editora, agradeço o apoio inestimável que obtivemos ao longo da elaboração da presente edição de inúmeras pessoas, dentre

as quais destaco os nomes de Llewellyn H. Rockwell Jr.,
Joseph T. Salerno e Judy Thommesen do Ludwig von
Mises Institute; e de Lawrence W. Reed e Dan Sanchez
da Foundation for Economic Education (FEE).

Alex Catharino
Editor responsável pela LVM Editora

Prefácio à Edição Brasileira

O livro de Frédéric Bastiat (1801-1850) intitulado *A Lei* que ganha, agora, uma nova versão brasileira, é expressão do grande debate que se produziu à época das grandes alterações políticas do cenário europeu e das influências que a Revolução Francesa, com seus ideais e seu banho de sangue, provocou no velho continente.

O próprio título "A Lei", que Bastiat, em suas conclusões, procura vincular ao sentido de "justiça", enfrenta, nos diversos sistemas jurídicos, dificuldades vernaculares, pois entre nós "Lei" e "Direito" são expressões distintas, não o sendo, por exemplo, no sistema anglo-saxão.

O Direito romano foi, de rigor, o primeiro grande sistema jurídico da História, visto que as codificações anteriores – como de Shulgi, Ur-nammu, Lipit-Ishtar, Hamurabi, leis de Manu, judaica, hitita, egípcia e até mesmo da Grécia, com Drácon (650-600 a.C.), Sólon (640-558 a.C.) e Licurgo (700-630 a.C.) – nunca representaram um sistema, mas apenas regulações do poder para controle do povo. Os vocábulos *"jus"* e *"lex"* de Roma merecem, pois, ser lembrados, pois tinham em *"jus"* uma abrangência integrativa de *"lex"*.

Bastiat, todavia, em seu livro, procura colocar sua visão de "lei" como instrumento de estabilidade institucional contra o socialismo, que surge como reação aos princípios liberais da Revolução Francesa, no qual o respeito ao direito não constitua a essência de sua introdução ou primado.

Com incursão na literatura, na filosofia, no pensamento em debate de sua época e na busca de uma estabilidade e segurança para uma nação, Bastiat integra a lei à Justiça, irmanando o conceito instrumental da lei ao filosófico da Justiça, pretendendo uma interpenetração, que juristas e filósofos não conseguiram até o presente, nem mesmo nas mais avançadas democracias.

No meu trabalho *Uma Breve Introdução ao Direito*[1] – texto integral no meu site www.gandramartins.adv. br –, procurei mostrar que, na evolução do homem em sociedade, dos costumes à lei e da lei ao direito, sempre houve conflitos, em que os detentores do poder, *"pro domo sua"*, ora com força tirânica, ora democraticamente, impuseram sua maneira de ser, não necessariamente de acordo com as aspirações do povo.

É que a lei, como dizia H. L. A. Hart (1907-1992), em *The Concept of Law* [*O Conceito de Lei*][2], de 1961,

---

[1] MARTINS, Ives Gandra da Silva. *Uma Breve Introdução ao Direito*. São Paulo: Migalhas, 2ª ed. rev. e ampl., 2018. Para acesso ao PDF da obra, ver: <http://www.gandramartins.adv.br/livro-capitulo/detalhe/id/190 fefd1d21be3b5749e7bfb9f7b02ad>

[2] Em língua portuguesa a obra está disponível na seguinte edição brasileira: HART, H. L. A. *O Conceito de Direito*. Trad. Antônio de Oliveira Sette-Câmara. São Paulo: Editora WMF Martins Fontes, 2009.

mesmo nas democracias, embora feita para dirigir-se a governantes e governados, por serem feitas pelos governantes, obrigam mais os governados que os próprios governantes.

Considerando, todavia, à época em que foi escrito, a imensa cultura do autor, a sua reação aos socialistas que pretendiam pisotear o Direito, fazendo prevalecer as teses políticas sobre as instituições pela força e não pela vontade popular, assim como a sua preocupação com o ideal de justiça, que deveria estar acima da forma – esta que, na figura de Hans Kelsen (1881-1973), ganhou visibilidade a influenciar a próprias ditaduras nacional-socialista e fascista –, o livro é indiscutivelmente uma excelente e ainda atual reflexão acadêmica, jurídica e filosófica sobre os fundamentos e o contorno do Direito, da lei e da Justiça para todos os que militam na área jurídica e política.

Em todo o livro, percebe-se os fundamentos da concepção jusnaturalista do Direito, numa visão correta de que há leis naturais que cabe ao Estado apenas reconhecer, no concernente aos direitos fundamentais, e leis positivas, que são as que devem ser aplicadas segundo os costumes, tradição e vocação de um povo, conforme a época e seu projeto nacional, mutáveis de acordo com a vontade popular numa determinada conjuntura.

É, portanto, com prazer, que reli os escritos de Bastiat e recordei alguns conceitos, que, na história do Direito, todos aprendemos nos bancos acadêmicos e que continuam de permanente atualidade, num mundo em conflito, ainda em busca de uma harmonia plena entre o Direito, a lei e a Justiça.

Ives Gandra da Silva Martins
Professor Emérito das Universidades Mackenzie, UNIP, UNI-FIEO, UNIFMU e CIEE, bem como da Escola de Comando e Estado-Maior do Exército (ECEME), da Escola Superior de Guerra (ESG) e da Escola de Magistratura do Tribunal Regional Federal; Presidente do Conselho Superior de Direito da FECOMERCIO-SP; Fundador e Presidente Honorário do Centro de Extensão Universitária (CEU), do Instituto Internacional de Ciências Sociais (IICS) e do Instituto Brasileiro de Direito e Religião (IBDR).

Nota do Tradutor

O original usado nesta tradução de *A Lei* vem das *Œuvres complètes* (Tome Quatrième: Sophismes Économiques, Petits Pamphlets I. Paris: Guillaumin et Cie. Libraires, 1854, p. 342-93) de Frédéric Bastiat (1801-1850).

Mantive o uso de maiúsculas em certos substantivos, e não apenas por um preciosismo avesso a modernizações: Bastiat distingue a Lei com "L" maiúsculo das leis efetivamente promulgadas por governos que se afastaram da Lei. No entanto, o uso de maiúsculas em palavras como "Força" ou "Pessoa" parece justificar-se apenas por serem noções capitais de sua obra.

Também me esforcei para preservar ao máximo seu estilo, alterando a ordem das palavras só quando estritamente necessário para que o texto tivesse mais naturalidade. A pontuação difere do original em raríssimos casos.

Digo isso porque o leitor familiarizado com a tradução inglesa de *A Lei*, elaborada por Dean Russell, notará que aquele texto adaptou o estilo de Bastiat em vários momentos.

Gosto de pensar que Bastiat não dispunha de máquinas de escrever, e quase com certeza nem mesmo de uma caneta-tinteiro, tecnologia que começa a florescer na década de 1850; que escrevia com a pena, molhando-a no tinteiro praticamente a cada linha, sabendo que modificar o texto poderia ser extremamente penoso.

Porém, a relativa falta de tecnologias de escrita talvez tenha até contribuído para o rigor e para o sequenciamento perfeitos da argumentação.

Recordemos ainda que *A Lei* é uma obra tão memorável quanto breve, que o próprio Bastiat a considerava um "panfleto", e pensemos na nobreza que esse gênero já teve.

Pedro Sette-Câmara

Prefácio à Edição
Norte-americana de 1998

Eu já tinha quarenta anos quando li *A Lei*, o clássico de Frédéric Bastiat (1801-1850). Uma pessoa anônima, a quem serei eternamente grato, me mandou pelo correio um exemplar não solicitado. Após ler o livro, convenci-me de que uma formação em artes liberais sem um enfrentamento com Bastiat é incompleta. Ler Bastiat deu-me uma consciência aguda de todo o tempo perdido, junto com as frustrações de entrar num beco sem saída após o outro, na organização de minha filosofia de vida. *A Lei* não produziu uma conversão filosófica para mim: o livro criou ordem no meu pensamento sobre a liberdade e sobre a conduta humana justa.

Muitos filósofos fizeram contribuições importantes ao discurso sobre a liberdade, entre os quais Bastiat. Porém, a maior contribuição de Bastiat é que ele tirou o discurso da torre de marfim e tornou as ideias sobre a liberdade tão claras que até os iletrados podem entendê-las, e os estatistas não podem ofuscá-las. A clareza é indispensável para convencer nossos semelhantes da superioridade moral da liberdade pessoal.

Assim como outros, Bastiat reconhecia que a maior ameaça individual à liberdade é o governo. Reparem na clareza de que ele se vale para nos ajudar a identificar e a entender atos malignos do governo, como a espoliação legalizada. Diz Bastiat:

> É preciso averiguar se a Lei toma de uns o que lhes pertence para dar aos outros aquilo que não lhes pertence. É preciso averiguar se a Lei executa, em benefício de um cidadão e em detrimento dos outros, um ato que esse cidadão não poderia ele mesmo executar sem cometer um crime.

Com uma descrição tão precisa da espoliação legalizada, não podemos negar a conclusão de que a maior parte das atividades governamentais, incluindo as do nosso governo, são espoliação legalizada, ou, para falar modernamente, roubo legalizado.

Frédéric Bastiat poderia facilmente ter sido um companheiro de viagem dos signatários da *Declaração de Independência dos Estados Unidos*. A visão que os signatários tinham da liberdade e do devido papel do governo foi capturada nas palavras imortais:

> Consideramos auto-evidentes as verdades de que todos os homens são criados iguais, e que são dotados por seu Criador de certos Direitos Inalienáveis, que entre estes estão a Vida, a Liberdade, e a busca da Felicidade. Que para garantir esses direitos, são instituídos governos entre os Homens. [...]

Bastiat ecoa uma visão idêntica ao dizer:

> Existência, Faculdades, Assimilação – em outros termos, Personalidade, Liberdade, Propriedade – eis o homem.
>
> É dessas três coisas que se pode dizer, para além de qualquer sutileza demagógica, que são anteriores e superiores a toda legislação humana.

Bastiat apresentou a mesma lógica para o governo que foi apresentada por nossos Fundadores, dizendo:

> Não é porque os homens promulgaram Leis que a Personalidade, a Liberdade, e a Propriedade existem. Pelo contrário, é porque a Personalidade, a Liberdade, e a Propriedade preexistem que os homens fazem Leis.

Não existem afirmações melhores dos direitos naturais e dados por Deus do que aquelas encontradas em nossa Declaração de Independência e em *A Lei*.

Bastiat colocava suas esperanças para a liberdade nos Estados Unidos, dizendo:

> Voltem os olhos para os Estados Unidos. Trata-se do país do mundo em que a Lei mais permanece em seu papel, que é garantir a cada um sua liberdade e sua propriedade. Assim, trata-se do país do mundo em que a ordem social parece repousar sobre as bases mais estáveis.

Escrevendo em 1850, Bastiat notava duas áreas em que os Estados Unidos decepcionavam:

> A Escravidão é uma violação, sancionada pela lei, dos direitos da Pessoa. A Proteção é uma violação, perpetrada pela lei, do direito de Propriedade [...].

Se Bastiat estivesse vivo hoje, ficaria decepcionado por não termos mantido a lei dentro de seu âmbito devido. Ao longo de um século e meio, criamos mais de cinquenta mil leis. A maioria delas permite que o Estado inicie violências contra aqueles que não iniciaram violência contra terceiros. Essas leis vão das leis antitabagistas para estabelecimentos privados e das "contribuições" para a Seguridade Social a leis que criam barreiras para o exercício de certas atividades e leis de salário mínimo. Nos dois casos, a pessoa que resolutamente exige e defende seu direito dado por Deus de ser deixado em paz pode, em última instância, sofrer a morte nas mãos do nosso governo[1].

Bastiat explica o clamor por leis que restringem trocar pacíficas e voluntárias, e que punem o desejo de ser deixado em paz, dizendo que os socialistas querem brincar de Deus. Os socialistas olham as pessoas como matéria prima a ser moldada em combinações sociais. Para eles, a elite – *"todos viram entre a humanidade e o legislador as mesmas relações que existem entre a argila e o oleiro"*. E, para as pessoas que têm essa visão, Bastiat exibe a única raiva que encontro em *A Lei* quando ataca os supostos bem-intencionados e pretensos governantes da humanidade. *"Ah! Miseráveis,*

---

[1] A morte não é pena declarada para a desobediência; porém, a morte pode ocorrer caso a pessoa se recuse a se submeter a sanções governamentais por sua desobediência.

vocês se acham tão grandes, e julgam a humanidade tão pequena, que querem reformar tudo. Reformem--se a si mesmos, essa tarefa lhes basta".

Bastiat era um otimista que achava que argumentos eloquentes em defesa da liberdade talvez a salvassem; porém, a história não está do lado dele. A história da humanidade é uma história de abuso e controle sistemático e arbitrário por parte de uma elite que age privadamente, por meio da Igreja, mas principalmente por meio do governo. É uma história trágica, em que centenas de milhões de almas infelizes foram mortas, em sua maioria por seu *próprio* governo. Um historiador que escrevesse duzentos ou trezentos anos no futuro talvez enxergasse as liberdades que existiram para uma ínfima parcela da população, majoritariamente no mundo ocidental, apenas durante uma ínfima parcela de sua história, o último século ou dois, como uma curiosidade histórica difícil de explicar. Esse historiador talvez observasse também que essa curiosidade foi só um fenômeno temporário e que a humanidade voltou a seu estado de coisas habitual: controles e abusos arbitrários.

Esperemos que a história demonstre a falsidade dessa avaliação pessimista. O colapso mundial da respeitabilidade das ideias do socialismo e do comunismo sugere um vislumbre de esperança. Outro sinal esperançoso está nas inovações tecnológicas que dificultam que o governo obtenha informações e controle seus cidadãos. Inovações como o acesso à informação, a comunicação, e transações monetárias eletrônicas farão com que as tentativas de controle por parte dos governos fiquem mais custosas e menos prováveis. Essas inovações tecnológicas cada vez mais possibilitarão que os cidadãos mundiais comuniquem-se e troquem uns com os outros sem o conhecimento, sem as sanções, e sem a permissão do governo.

O colapso do comunismo, as inovações tecnológicas, acompanhados por organizações robustas de livre mercado que promovam as ideias de Bastiat são as coisas mais otimistas que posso dizer sobre o futuro da liberdade nos Estados Unidos. Os norte-americanos compartilham um ônus e uma responsabilidade moral tremendos. Se a liberdade morrer nos Estados Unidos, estará destinada a morrer por toda parte. Uma familiaridade maior com as ideias claras de Bastiat sobre a liberdade seria um passo importante para reacender o respeito e o amor, e para permitir que o espírito da liberdade ressuscitasse entre os demais americanos.

Walter Williams
Professor da Cátedra John M. Olin de Economia e Diretor do Departamento de Economia da George Mason University (GMU), em Fairfax, na Virgínia

Introdução à Edição Norte-americana de 1998

O estado é a grande ficção por meio da qual todos tentam viver às custas de todos.

Frédéric Bastiat

Frédéric Bastiat (1801-1850) ocupa um lugar especial nos corações e nas mentes da liberdade. Aqui não há mistério nenhum a resolver. A chave do apelo de Bastiat está na integridade e na elegância de sua mensagem. Sua escrita exibe uma pureza e uma paixão fundamentada raras no mundo moderno. Ele sempre escreveu para ser entendido, para convencer, não para impressionar ou para confundir.

Com o recurso à fábula, Bastiat habilmente abalou as concepções equivocadas a respeito da economia de seus contemporâneos franceses. Quando hoje, nos

Estados Unidos de agora, continuamos a ouvir de intelectuais e também de políticos que a entrada livre de produtos feitos no estrangeiro nos empobrece, ou que terremotos e furacões destrutivos criam prosperidade ao criar a demanda por reconstruções, estamos vendo os resultados de uma cultura que ignora Frédéric Bastiat.

Porém, pensar em Bastiat apenas como economista é não apreciá-lo o suficiente. Bastiat foi um filósofo do Direito de primeira linha, isso por causa de *A Lei*. Escrevendo enquanto a França estava sendo seduzida pelas promessas falsas do socialismo, Bastiat estava preocupado com o direito em sentido clássico; ele dirige sua razão para a descoberta dos princípios da organização social mais adequada para os seres humanos.

Ele começa reconhecendo que os indivíduos precisam agir para manter suas vidas. Eles fazem isso aplicando suas capacidades ao mundo natural e transformando seus componentes em produtos úteis. *"Existência, Faculdades, Assimilação – em outros termos, Personalidade, Liberdade, Propriedade – eis o homem"*, escreve Bastiat. E, como eles estão no núcleo mesmo da natureza humana, eles *"são anteriores e superiores a toda legislação humana"*. Muito poucas pessoas entendem isso. O positivismo jurídico, a noção de que não existem certo e errado anteriores à promulgação da lei, infelizmente aflige até alguns defensores da liberdade individual (os descendentes utilitaristas de Bentham, por exemplo). Porém, como nos recorda Bastiat:

A vida, a liberdade, e a propriedade não existem porque os homens fizeram leis. Pelo contrário, foi o fato de que a vida, a liberdade, e a propriedade existiam de antemão que fez com que os homens fizessem leis.

Para Bastiat, a *lei* é algo negativo. Ele concordava com um amigo que observava que é impreciso dizer que a lei deveria *criar* justiça. Na verdade, a lei deveria *impedir* a injustiça. *"De fato, não é a Justiça que tem existência própria, mas a Injustiça. Uma resulta da ausência da outra"*. Isso pode parecer dúbio a alguns leitores. Porém, com a reflexão, pode-se ver que uma sociedade livre e justa é o que surge quando não há intervenção violenta contra os indivíduos; quando eles são deixados em paz.

O propósito da lei é a defesa da vida, da liberdade, e da propriedade. É, diz Bastiat, *"a organização coletiva do Direito individual de legítima defesa"*. Cada indivíduo tem o direito de defender sua vida, sua liberdade, e sua propriedade. Assim, pode-se dizer que um grupo de indivíduos tem o "direito coletivo" de unir seus recursos para defender-se.

> O Direito coletivo tem, portanto, seu princípio, sua razão de ser, sua legitimidade no Direito individual; e a Força comum, racionalmente, não pode ter fim e missão diversos daqueles das forças isoladas às quais ela substitui.

Se o propósito mesmo da lei é a proteção de direitos individuais, então a lei não pode ser usada – sem contradição – para realizar aquilo que os indivíduos não têm o direito de fazer. *"Essa perversão da Força estaria"* [...] *"em contradição com nossas premissas"*. O resultado seria a lei ilegítima.

Uma sociedade baseada numa concepção correta da lei seria ordenada e próspera. Porém, infelizmente, alguns escolhem a espoliação em vez da produção se a primeira exige menos esforço do que a segunda. Surge um grave perigo quando a classe de pessoas que faz a lei (a legislação) volta-se para a espoliação. O resultado, diz Bastiat, é a *"espoliação legalizada"*. No começo, apenas o pequeno grupo dos legisladores pratica a espoliação legalizada. Mas isso pode dar início a um processo em que as classes espoliadas, em vez de buscar abolir a perversão da lei, tentar se aproveitar dela.

> Como fosse necessário que, antes da chegada do reino da justiça, uma cruel retribuição viesse golpear todos, uns por causa de sua iniquidade, outros por causa da ignorância.

O resultado da espoliação generalizada legalizada é o caos moral precisamente porque a lei e a moralidade foram colocadas uma contra a outra.

> Quando a Lei e a Moral estão em contradição, o cidadão se encontra na cruel alternativa de ou perder a noção de Moral, ou perder o respeito pela Lei, dois infortúnios tão grandes que é difícil escolher entre um e outro.

Bastiat observa que, para muitas pessoas, aquilo que é legal é legítimo. Assim, elas são jogadas na confusão. E no conflito.

Sim, enquanto for admitido em princípio que a Lei pode ser desviada de sua verdadeira missão, que ela pode violar as propriedades em vez de garanti-las, toda classe vai querer fazer a Lei, seja para defender-se da espoliação, seja para também organizá-la em benefício próprio. A questão política virá sempre antes de todas, dominará, absorverá; numa palavra, haverá brigas na porta do Palácio legislativo.

Parece algo que você conhece?

Bastiat encontra outra motivação – além do desejo pelo butim – por trás da espoliação legalizada: a *"falsa Filantropia"*. Outra vez, ele vê uma contradição. Se a filantropia não é voluntária, ela destrói a liberdade e a justiça. A lei não pode dar nada que não tenha sido primeiro tirado de seu dono. Ele aplica essa análise a todas as formas de intervenção governamental, de tarifas à chamada educação pública.

As palavras de Bastiat são tão pertinentes que parecem ter sido escritas hoje. Ele explica que é possível identificar a espoliação legalizada procurando leis que autorizam que a propriedade de uma pessoa seja dada a outra. *"Apressem-se em abrogar essa Lei"*, diz Bastiat. Ele adverte: *"Sem dúvida, o beneficiário gritará muito alto; invocará o direito adquirido"*, seus privilégios. O conselho de Bastiat é direto:

> Evitem escutar esse sofista, porque é justamente pela sistematização desses argumentos que será sistematizada a espoliação legalizada.

> Isso é o que aconteceu. A quimera do momento é enriquecer todas as classes às custas umas das ou-

tras; é generalizar a Espoliação sob o pretexto de organizá-la.

A visão de mundo por trás da distorção da lei, escreve Frédéric Bastiat, vê o homem como entidade passiva, que carece de movimento próprio e aguarda a mão e o plano do sábio legislador. Ele cita Jean--Jacques Rousseau (1711-1778): *"Este é o mecânico que inventa a máquina"*. Louis Antoine de Saint-Just (1767-1794): *"O legislador ordena o futuro. Cabe a ele querer o bem. Cabe a ele tornar os homens o que ele quer que eles sejam"*. E o afiadíssimo Maximilien Robespierre (1758-1794): *"A função do governo é dirigir as forças físicas e morais da nação para o objetivo de sua instituição"*.

Frédéric Bastiat ecoa a condenação de Adam Smith (1723-1790) do *"homem do sistema"*, que enxerga as pessoas como meras peças a serem movidas num tabuleiro de xadrez. A fim de realizar seus objetivos, o legislador precisa apagar as diferenças humanas, porque elas impedem o plano. A conformidade forçada (existe algum outro tipo?) é a ordem do dia. Bastiat cita vários autores dessa tradição, e em seguida responde:

> Mas, ó, sublimes escritores, queiram lembrar em algum momento que essa argila, essa areia, esse esterco de que vocês dispõem tão arbitrariamente, são homens, seres inteligentes e livres como vocês, que receberam de Deus, como vocês, a faculdade de ver, de prever, de pensar, e de julgar por conta própria!

Após citar vários desses autores tão dispostos a dedicar-se à reinvenção das pessoas, Bastiat não consegue mais controlar seu escândalo:

> Ah! Miseráveis, vocês se acham tão grandes, e julgam a humanidade tão pequena, que querem reformar tudo. Reformem-se a si mesmos, essa tarefa lhes basta.

Bastiat também não permite que a democracia desenfreada fuja de seu alcance. Com elegância habitual, ele vai direto ao X da questão. O democrata louva a sabedoria do povo. Em que consiste essa sabedoria? Na capacidade de escolher legisladores todo-poderosos – e só.

> Esse povo, enfim, ainda há pouco [durante as eleições] tão esclarecido, tão moral, tão perfeito, não tem mais nenhuma tendência, ou, caso tenha, elas o levam todas para a degradação. [...] E se a humanidade é incompetente para julgar por si própria, ainda nos vêm falar em sufrágio universal?

> Se as tendências naturais da humanidade são más o bastante para que se deva tirar sua liberdade, como é que as tendências dos organizadores são boas?

Frédéric Bastiat encerra seu texto com um grande chamado à liberdade e à rejeição de todas as propostas de impor arranjos sociais antinaturais às pessoas. Ele implora para que *"rejeitemos os sistemas, que enfim a Liberdade seja posta em prova"*.

Nos anos que se passaram desde que *A Lei* foi publicado, pouco se escreveu na tradição liberal clássica que possa se aproximar de sua pureza, de sua força, de sua qualidade quase poética. Infelizmente, o mundo está longe de ter aprendido as lições de *A Lei*. Bastiat ficaria triste com aquilo que os Estados Unidos se tornaram. Ele nos avisou. Ele identificou os princípios indispensáveis para a devida sociedade humana e os tornou acessíveis a todos. Na luta para pôr um fim à espoliação legalizada do estatismo e para defender a liberdade individual, quanto mais se pode pedir a um homem só?

Sheldon Richman
Pesquisador do The Independent Institute. Foi vice-presidente da Future of Freedom Foundation (FFF) e editor responsável tanto pelo periódico *The Freeman* quanto pela editora da Foundation for Economic Education (FEE)

Apresentação à Edição Norte-americana de 2007

Todo aquele que estiver montando sua biblioteca pessoal da liberdade precisa incluir nela uma cópia de *A Lei*, clássico ensaio de Frédéric Bastiat (1801-1850). Publicado originalmente em 1850 pelo grande economista e jornalista francês, trata-se da mais clara formulação já feita do ideal original americano de governo, como proclamado na Declaração de Independência, de que o principal fim de qualquer governo é a proteção das vidas, das liberdades, e da propriedade de seus cidadãos.

Bastiat acreditava que todos os seres humanos tinham os direitos naturais, dados por Deus, de *"Personalidade, Liberdade, Propriedade"*. *"Eis o homem"*, escreveu. Essas *"três coisas"* [...] *"são anteriores a toda legislação humana"*. Porém, já em sua época – ele escreveu no fim da década de 1840 – Bastiat ficava alarmado com a maneira como a lei tinha sido *"pervertida"* como instrumento daquilo que ele chamava de *"espoliação legalizada"*. Longe de proteger os direitos individuais, a lei cada vez mais era usada para privar um grupo de cidadãos desses direitos em benefício de outro grupo, e especialmente em benefício do próprio Estado. Ele condenava a espoliação legalizada das tarifas protecionistas, os subsídios governamentais de toda espécie, a tributação progressiva, as escolas públicas, os programas governamentais de "emprego", as leis de salário mínimo, a seguridade social, as leis contra a usura, e mais.

As advertências de Bastiat para os nefastos efeitos da espoliação legalizada são tão relevantes hoje quanto no primeiro dia em que ele as pronunciou. O sistema de espoliação legalizada (que muitos hoje celebram como "democracia") apagará da consciência de todos, segundo ele escreveu, a distinção entre justiça e injustiça. As classes espoliadas acabarão por entender como entrar no jogo político e espoliar seus semelhantes. A legislação jamais será guiada por quaisquer princípios de justiça, mas apenas pela força política bruta.

O grande defensor francês da liberdade também previu a corrupção da educação pelo Estado. Aqueles que fossem *"encarregados de instruir gratuitamente os outros"*, escreveu, raramente criticariam a espoliação legalizada, a menos que seus pagamentos governamentais fossem extintos.

O sistema de espoliação legalizada também exageraria enormemente a importância da política na sociedade. Esse seria um desenvolvimento nada salutar, pois incentivaria ainda mais cidadãos a tentar melhorar seu próprio bem-estar não produzindo bens e serviços para o mercado, mas espoliando seus concidadãos por meio da política.

Bastiat também teve a sabedoria de antecipar aquilo que os economistas chamam de "rentismo" e de *"rent-avoidance"*[1]. Essas duas expressões desajeitadas referem, respectivamente, os fenômenos de fazer lobby por favores políticos (espoliação legal), e de empenhar-se em atividades políticas destinadas a evitar ser vitimado por espoliadores. Por exemplo, a indústria produtora de aço faz *lobby* por tarifas altas para o aço; por outro lado, é de se esperar que as indústrias que usam aço, como a automobilística, façam *lobby* contra as tarifas altas para o aço.

O motivo pelo qual os economistas modernos estão preocupados com o "rentismo" tem a ver com o custo de oportunidade envolvido: quanto mais tempo, esforço, e dinheiro gasto pelas empresas em tramoias para manipular a política – meramente transferindo renda –, menos tempo é gasto na produção de bens e de serviços, o que aumenta a riqueza. Assim, a espoliação legalizada empobrece a sociedade inteira, mesmo uma parte pequena (mas com influência política) da sociedade se beneficie dela.

Ao ler *A Lei*, ficamos impressionados com a exatidão com que Frédéric Bastiat descrevia os estatistas de sua época, os quais, a bem da verdade, não eram muito diferentes dos estatistas de hoje ou de qualquer

---

[1] Se a expressão inglesa *"rent-seeking"* já tem uma tradução estabelecida em "rentismo", o termo *"rent-avoidance"* não teve a mesma sorte. (N. T.)

outra época. Os "socialistas" franceses da época de Bastiat defendiam doutrinas que pervertiam a caridade, a educação, e a moral, isso para começar. A verdadeira caridade não começa nem com o roubo nem com a tributação, como ele observava. A educação governamental é inevitavelmente um exercício de lavagem cerebral estatista, e não verdadeira educação; e dificilmente chega a ser "moral" que uma gangue enorme (o governo) roube (legalmente) um segmento da população, fique com a maior parte do butim, e divida um pouco com vários indivíduos "necessitados".

Os socialistas querem *"brincar de Deus"*, observava Bastiat, antecipando todos os futuros tiranos e déspotas do mundo que tentariam refazer o mundo segundo sua própria imagem, não importando se essa imagem era o comunismo, o fascismo, a "união gloriosa", ou a "democracia global". Bastiat também observou que os socialistas queriam uma conformidade forçada; a regimentação rígida da população por meio de regulamentações onipresentes; a igualdade forçada de riquezas; e a ditadura. Assim, eles eram os inimigos mortais da liberdade.

Uma "ditadura" não precisa envolver um ditador efetivo. Tudo o que era necessário, dizia Bastiat, eram "as leis", promulgadas por um Congresso ou um Parlamento, que produzissem o mesmo efeito: conformidade forçada.

Bastiat também teve a sabedoria de observar que o mundo tem "grandes homens" demais, "pais da pátria" demais, etc., com um desejo doentio e compulsivo de governar os outros. Os defensores da sociedade livre devem ter um saudável desrespeito por todos esses homens.

Frédéric Bastiat admirava os Estados Unidos e, em 1850, dizia que este país estava mais próximos do que qualquer sociedade do mundo de seu ideal de um governo que protegia os direitos individuais à vida, à liberdade, e à prosperidade. Havia, porém, duas grandes exceções: os males geminados da escravidão e das tarifas protecionistas.

Frédéric Bastiat morreu no dia 24 de dezembro de 1850, e não viveu para ver as convulsões pelas quais os Estados Unidos que ele tanto admirava passariam nos quinze anos seguintes (e não só). É improvável que ele tivesse considerado a invasão militar dos estados do Sul por parte do governo americano em 1861, o assassinato de cerca de 300 mil cidadãos, e o bombardeio, incêndio e saque das cidades, vilas, fazendas, e empresas da região coerente com a proteção das vidas, liberdades, e propriedades daqueles cidadãos, como havia prometido a *Declaração de Independência de Independência*. Tivesse ele vivido para ver tudo isso, muito provavelmente teria acrescentado a ideia de "assassinato legalizado" à noção de "espoliação legalizada" como um dos dois grandes pecados do governo. Ele provavelmente teria visto o Partido Republicano do pós-guerra, com suas tarifas médias de 50%, seus massivos esquemas de subsídios às empresas, e sua campanha de genocídio de 25 anos contra os índios das planícies como espoliadores em grau máximo, e traidores do ideal americano.

Nas últimas páginas de *A Lei*, Bastiat oferece o sábio conselho de que aquilo que era realmente necessário era uma "ciência da economia" que explicasse a harmonia (ou a falta dela) de uma sociedade livre (em contraposição com o socialismo). Ele próprio deu uma grande contribuição para esse objetivo com a publicação de seu livro *Harmonies économiques* [*Harmonias Econômicas*], que pode ser visto como um precursos da literatura moderna da Escola Austríaca de Economia. Não há substituto para um entendimento sólido da ordem do mercado (e das realidades da política) quando se trata de combater os tipos de esquemas socialistas destrutivos que assolavam a época de Bastiat, assim como a nossa. Quem quer que leia esse grande ensaio junto com outros clássicos do livre mercado, como *Economics in One Lesson* [*Economia numa Única Lição*][2], de Henry Hazlitt (1894-1993), e *Power and Market* [*Governo e Mercado*][3], de Murray N. Rothbard (1926-1995), terá munição intelectual suficiente para desmontar as fantasias socialistas de hoje ou de qualquer época.

Thomas J. DiLorenzo
Professor de Economia da Escola de Negócios de Loyola University, em Maryland, e pesquisador do Mises Institute

---

[2] HAZLITT, Henry. *Economia numa Única Lição*. Trad. Leônidas Gontijo de Carvalho. São Paulo: Instituto Ludwig von Mises Brasil, 4ª ed., 2010. (N. E.)

[3] ROTHBARD, Murray N. *Governo e Mercado: A Economia da Intervenção Estatal*. Trad. Márcia Xavier de Brito e Alessandra Lass. São Paulo: Instituto Ludwig von Mises Brasil, 2012. (N. E.)

FRÉDÉRIC BASTIAT
A LEI

A Lei

A lei pervertida! A lei – e depois dela todas as forças coletivas da nação –, a Lei, digo, não apenas desviada de seu fim, mas aplicada na consecução de um fim diretamente contrário! A Lei feita instrumento de toda cupidez, em vez de ser seu freio. A Lei fazendo ela mesma a iniquidade que tinha por missão punir! Se é esse o caso, temos aí certamente um fato grave, e para o qual há de se permitir que eu chame a atenção dos meus concidadãos.

1 – A Vida é um Dom de Deus

Recebemos de Deus o dom que para nós inclui todos: a Vida – a vida física, intelectual, e moral.

Porém, a vida não se sustenta sozinha. Aquele que a deu a nós nos deixou o encargo de mantê-la, de desenvolvê-la, de aperfeiçoá-la.

Para isso, Deus nos proveu de um conjunto de Faculdades maravilhosas; mergulhou-nos num ambiente de elementos diversos. É pela aplicação das nossas faculdades a esses elementos que se realiza o fenômeno da *Assimilação*, da *Apropriação*, pelo qual a vida percorre o círculo que lhe foi designado.

Existência, Faculdades, Assimilação – em outros termos, Personalidade, Liberdade, Propriedade – eis o homem.

É dessas três coisas que se pode dizer, para além de qualquer sutileza demagógica, que são anteriores e superiores a toda legislação humana.

Não é porque os homens promulgaram Leis que a Personalidade, a Liberdade, e a Propriedade existem. Pelo contrário, é porque a Personalidade, a Liberdade, e a Propriedade preexistem que os homens fazem Leis.

2 – O que é a Lei?

O que é, então, a Lei? Como eu disse alhures, é a organização coletiva do Direito individual de legítima defesa.

Cada um de nós recebeu de maneira certa da natureza, de Deus, o direito de defender sua Pessoa, sua Liberdade, sua Propriedade, pois esses são os três elementos constitutivos ou conservadores da Vida, elementos que se completam entre si e que não podem ser compreendidos um sem o outro. Afinal, o que são nossas Faculdades, se não um prolongamento da nossa Personalidade, e o que é a Propriedade se não um prolongamento das nossas Faculdades?

Se cada homem tem o direito de defender, mesmo por meio da Força, sua Pessoa, sua Liberdade, sua Propriedade, muitos homens têm o Direito de concertar-se, de entender-se, de organizar uma Força comum para prover regularmente a essa defesa.

O Direito coletivo tem, portanto, seu princípio, sua razão de ser, sua legitimidade no Direito individual; e a Força comum, racionalmente, não pode ter fim e missão diversos daqueles das forças isoladas às quais ela substitui.

Assim, como a força de um indivíduo não pode legitimamente atentar contra a Pessoa, a Liberdade, a Propriedade de outro indivíduo, pelo mesmo motivo a Força comum não pode ser legitimamente aplicada para destruir a Pessoa, a Liberdade, a Propriedade dos indivíduos ou das classes.

Essa perversão da Força estaria, tanto num caso como no outro, em contradição com nossas premissas. Quem ousará dizer que a Força nos foi dada não para defender nossos Direitos, mas para aniquilar os Direitos iguais de nossos irmãos? E se isso não vale para cada força individual, agindo isoladamente, como valeria para a força coletiva, que é apenas a união organizada das forças isoladas?

Portanto, se existe algo evidente, é o seguinte: a Lei é a organização do Direito natural de legítima defesa; é a substituição das forças individuais pela força coletiva, para agir no círculo onde aquelas têm o direito de agir, para fazer aquilo que elas têm o direito de fazer, para garantir as Pessoas, as Liberdades, as Propriedades, para manter cada qual em seu Direito, para fazer reinar entre todos a JUSTIÇA.

3 – Um governo justo e estável

E, caso existisse um povo constituído sobre essa base, me parece nele prevaleceria a ordem tanto nos fatos quanto nas ideias. Parece-me que esse povo teria o governo mais simples, mais econômico, menos pesado, menos notado, menos responsável, mais justo, e, por conseguinte, o mais sólido que se pode imaginar, qualquer que fosse, aliás, sua forma política.

Afinal, sob esse regime, cada um entenderia perfeitamente que tem toda a plenitude de sua Existência, e também toda responsabilidade por ela. Desde que a pessoa fosse respeitada, o trabalho livre e os frutos do trabalho garantidos contra todo ataque injusto, ninguém teria nada a discutir com o Estado. Na alegria, é verdade que não agradeceríamos a ele por nossos sucessos; porém, na dificuldade, também não colocaríamos nele a culpa por nossos reveses, assim como os camponeses não o culpam pelo granizo ou pela geada. Somente conheceríamos o Estado pelo inestimável benefício da SEGURANÇA.

Podemos também afirmar que, graças à não-intervenção do Estado nas questões privadas, as Necessidades e as Satisfações se desenvolveriam na ordem natural. Jamais veríamos famílias pobres buscando a instrução literária antes de ter pão. Nunca veríamos a cidade povoar-se às custas do campo, ou o campo às custas da cidade. Não veríamos esses grandes deslocamentos de capitais, de trabalho, de população, provocados por medidas legislativas, deslocamentos que tornam tão incertas e tão precárias as fontes mesmas da existência, e assim agravam enormemente a responsabilidade dos governos.

4 – A completa perversão da Lei

Infelizmente, a Lei não se restringiu a seu papel. Ela nem mesmo desviou-se apenas por caminhos neutros e discutíveis. Ela fez pior: agiu contrariamente a seu próprio fim; destruiu seu próprio objetivo; dedicou-se a aniquilar a Justiça cujo reino deveria manter; a apagar, entre os Direitos, o limite que ela tinha por missão fazer respeitar; ela colocou a força coletiva a serviço daqueles que desejam abusar, sem risco e sem escrúpulo, a Pessoa, a Liberdade, ou a Propriedade dos outros; ela fez da Espoliação um Direito, para protegê-la, e da legítima defesa um crime, para puni-la.

* * *

Como se deu essa perversão da Lei? Quais foram suas consequências?

A Lei foi pervertida pela influência de duas causas bem distintas: o egoísmo ininteligente e a falsa filantropia.

Falemos da primeira causa.

5 – A tendência fatal da humanidade

Preservar a si próprio, desenvolver-se, é a aspiração comum de todos os homens, de tal modo que, se cada um desfrutasse do livre exercício de suas faculdades e da livre disposição de seus produtos, o progresso social seria incessante, ininterrupto, infalível.

Porém, existe outra disposição também comum a todos os homens. É viver e desenvolver-se, quando podem, às custas uns dos outros. Esta não é uma imputação ao acaso, emanada de um espírito desolado e pessimista. A história dá testemunho dela por suas guerras sem fim, pelas migrações de povos, pelas opressões sacerdotais, pela universalidade da escravidão, pelas fraudes industriais, pelos monopólios, que preenchem seus anais.

Essa disposição funesta nasce na constituição mesma do homem, no sentimento primitivo, universal, invencível, que o move para o bem-estar e o faz evitar a dor.

6 – Propriedade e espoliação

O homem só pode viver e desfrutar por meio de uma assimilação, de uma apropriação perpétua, isto é, por uma aplicação perpétua de suas faculdades às coisas, ou pelo trabalho. Daí vem a Propriedade.

Porém, na verdade, ele pode viver e desfrutar assimilando e apropriando o produto das faculdades de seus semelhantes. Daí vem a Espoliação.

Ora, sendo o próprio trabalho um esforço, e sendo o homem naturalmente inclinado a evitar o esforço, segue-se, como prova a história, que onde quer que a espoliação seja menos onerosa do que o trabalho, ela prevalece; ela prevalece sem que nem a religião nem a moral possam, nesse caso, impedi-la.

Quando, então, a espoliação para? Quando se torna mais onerosa, mais perigosa do que o trabalho.

É muito evidente que a Lei deveria ter como objetivo contrapor-se ao poderoso obstáculo da força coletiva a essa tendência funesta; que ela deveria tomar o partido da propriedade contra a Espoliação.

Porém, no mais das vezes, a Lei é feita por um homem ou por uma classe de homens. E, como não pode existir Lei sem sanção, sem o apoio de uma força preponderante, ela não pode não colocar definitivamente essa força nas mãos daqueles que legiferam.

Esse fenômeno inevitável, combinado com a funesta inclinação que constatamos no coração do homem, explica a perversão praticamente universal da Lei. Percebe-se como, em vez de ser um freio para a injustiça, ela se torna um instrumento dela, o mais invencível instrumento de injustiça. Percebe-se como, dependendo da força do legislador, ela destrói, em benefício próprio, e em diversos graus, no resto dos homens, a Personalidade por meio da escravidão, a Liberdade por meio da opressão, a Propriedade por meio da espoliação.

7 – Vítimas da espoliação legalizada

É da natureza dos homens reagir contra a iniquidade de que são vítimas. Assim, quando a Espoliação é organizada pela Lei, em benefício das classes que a praticam, todas as classes espoliadas tendem, por vias pacíficas ou por vias revolucionárias, a participar de algum modo da confecção das Leis. Essas classes, dependendo do grau de esclarecimento a que tenham chegado, podem propor a si mesmas dois objetivos bem diferentes ao buscar dessa maneira a conquista de seus direitos políticos: ou elas querem acabar com a espoliação legalizada, ou desejam tomar parte nela.

Tristes, três vezes tristes as nações onde esse último pensamento predomina nas massas, no momento em que têm sua vez no domínio da força legislativa!

Até hoje, a espoliação legalizada era exercida por poucos sobre muitos, como se vê entre os povos em que o direito de legiferar está concentrado nas mãos de alguns. Porém, quando ele se torna universal, surge a busca pelo equilíbrio na espoliação universal. Em vez de extirpar aquilo que a sociedade continha de injustiça, esta é generalizada. Assim que as classes despossuídas recuperam seus direitos políticos, seu primeiro pensamento não é libertar-se da espoliação (isso suporia nelas um esclarecimento que não podem ter), mas organizar, contra as outras classes e em detrimento próprio, um sistema de represálias – como fosse necessário que, antes da chegada do reino da justiça, uma cruel retribuição viesse golpear todos, uns por causa de sua iniquidade, outros por causa da ignorância.

* * *

8 – Resultados da espoliação legalizada

Assim, não era possível que na Sociedade entrasse uma mudança maior, e um infortúnio maior, do que este: a Lei convertida em instrumento de espoliação.

Quais são as consequências dessa perturbação? Seriam necessários vários volumes para descrevê-las todas. Contentemo-nos em indicar as mais salientes.

* * *

A primeira é apagar nas consciências a noção do justo e do injusto.

Sociedade nenhuma pode existir se nela não reina em algum grau o respeito pelas Leis; porém, o mais seguro, para que as leis sejam respeitadas, é que elas sejam respeitáveis. Quando a Lei e a Moral estão em contradição, o cidadão se encontra na cruel alternativa de ou perder a noção de Moral, ou perder o respeito pela Lei, dois infortúnios tão grandes que é difícil escolher entre um e outro.

Tanto consiste da natureza da Lei fazer reinar a Justiça que, no espírito das massas, Lei e Justiça são a mesma coisa. Temos todos uma forte disposição a considerar legítimo aquilo que é legal, a tal ponto que há muitos que falsamente deduzem da Lei toda justiça. Basta, portanto, que a Lei ordene e consagre a Espoliação para que a espoliação pareça justa e sagrada para muitas consciências. A escravidão, a restrição, e o monopólio encontram defensores não apenas naqueles que lucram com eles, mas também naqueles que deles sofrem.

9 – O destino dos não conformistas

Tente apresentar algumas dúvidas quanto à moralidade dessas instituições: "Você é um perigoso inovador", dirão, "utopista, teórico, que despreza as leis; você solapa a base sobre a qual repousa a sociedade". Você estuda a moral, ou a economia política?

Existem corporações oficiais que encaminham ao governo o seguinte anseio:

> Que a ciência agora seja ensinada, *não mais* só do ponto de vista do Livre Comércio (da Liberdade,

da Propriedade, da Justiça), como aconteceu até agora, mas também, e sobretudo, do ponto de vista dos fatos e da legislação (contrária à Liberdade, à Propriedade, à Justiça) que rege a indústria francesa.

Que, nas cátedras públicas financiadas pelo Tesouro, o professor se abstenha rigorosamente de fazer o menor ataque ao respeito devido às *leis em vigor*, etc.[1]

Assim, se existe uma lei que sanciona a escravidão ou o monopólio, a opressão ou a espoliação sob qualquer forma que seja, não se deve nem falar dela; afinal, como falar dela sem destruir o respeito que inspira? Mais ainda, será necessário ensinar a moral e a economia política do ponto de vista dessa lei, isto é, a partir do pressuposto de que é justa apenas por ser Lei.

* * *

Outro efeito dessa deplorável perversão da Lei é dar uma preponderância exagerada às paixões e às lutas políticas, e, em geral, à política propriamente dita.

Eu poderia provar de mil maneiras essa proposição. A título de exemplo, limitar-me-ei a relacioná-la com o tema que há pouco tempo ocupou todas as mentes: o sufrágio universal.

10 – Quem julgará?

Não importando o que pensem os adeptos da Escola de Rousseau[2], a qual se diz *muito avançada*, e que

---

[1] Conselho Geral das Manufaturas, da Agricultura, e do Comércio. (Sessão de 6 de maio de 1850).

[2] O filósofo genebrino Jean-Jacques Rousseau (1712-1778), autor, dentre outras obras, dos livros *Discurso sobre as Ciências e as Artes* (1749), *Dis-*

eu considero *atrasada* vinte séculos, o sufrágio *universal* (tomando a palavra em sua rigorosa acepção) não é um daqueles dogmas sagrados diante dos quais o exame e a própria dúvida são crimes.

Podemos contrapor-lhe sérias objeções.

Primeiro, a palavra *universal* esconde um sofisma grosseiro. A França tem trinta e seis milhões de habitantes. Para que o direito de sufrágio fosse *universal*, seria necessário que fossem reconhecidos trinta e seis milhões de eleitores. No sistema mais amplo, apenas nove milhões são reconhecidos. Três pessoas em cada quatro estão excluídas, e, não só, são excluídas pela quarta. Em que princípio se baseia essa exclusão? No princípio da Incapacidade. Sufrágio universal significa: sufrágio universal dos capazes. Restam as seguintes questões de fato: quais são os capazes? A idade, o sexo, as condenações judiciais são os únicos sinais pelos quais se pode reconhecer a incapacidade?

11 – Razão para restringir o voto

Um exame de perto mostra rapidamente o motivo pelo qual o direito de sufrágio repousa sobre a presunção de capacidade, o sistema mais amplo diferindo do mais restrito, sob esse aspecto, apenas pela apreciação dos sinais pelos quais essa capacidade pode ser reco-

---

curso sobre a Origem e os Fundamentos da Desigualdade entre os Homens (1755), Do Contrato Social (1762) e Emílio, ou Da Educação (1762), ao defender que todos os homens nascem bons, mas são corrompidos pela sociedade, e que as raízes das mazelas sociais é a propriedade privada foi um precursor tanto do romantismo quanto do socialismo. (N. E.)

nhecida, o que não constitui uma diferença de princípio, mas de grau.

Esse motivo é que o eleitor não estipula para si, mas para todos.

Se, como afirmam os republicanos de adesão grega e romana, o direito de sufrágio nos tivesse sido dado junto com a vida, seria iníquo da parte dos adultos impedir mulheres e crianças de votar. Por que elas são impedidas? Por serem presumidas incapazes. E por que a Incapacidade é um motivo de exclusão? Porque o eleitor não responde sozinho pelos efeitos do seu voto; porque cada voto empenha e afeta a comunidade inteira; porque a comunidade tem perfeitamente o direito de exigir algumas garantias quanto aos atos dos quais dependem seu bem-estar e sua existência.

12 – A solução está em restringir a função da lei

Sei o que se pode responder a isso. Também sei o que se poderia replicar. Aqui não é o lugar de esgotar essa controvérsia. Aquilo que quero deixar claro é que essa controvérsia mesma (assim como a maior parte das questões políticas), que agita, apaixona, e transtorna os povos, perderia quase toda a sua importância caso a Lei sempre tivesse sido aquilo que deveria ser.

De fato, se a Lei se limitasse a fazer respeitar todas as Pessoas, todas as Liberdades, todas as Propriedades, se ela fosse apenas a organização do Direito individual de legítima defesa, o obstáculo, o freio, o castigo contraposto a todas as opressões, a todas as espoliações, alguém crê que discutiríamos muito, entre cidadãos, o sufrágio mais ou menos universal? Alguém crê que ele colocaria em risco o maior dos bens, a paz pública? Alguém crê que as classes excluídas não esperariam pacificamente sua vez? Alguém crê que as classes admitidas seriam tão ciosas assim de seu privilégio? E não é claro que, sendo o interesse idêntico e comum, uns agiriam, sem grande inconveniente, pelos outros?

13 – A ideia fatal de espoliação legalizada

Porém, venha esse princípio funesto a introduzir-se, e que, a título de organização, de regulamentação, de proteção, de incentivo, a Lei possa *tirar de uns para dar a outros*, pegar da riqueza adquirida por todas as classes para aumentar a de uma classe, seja a dos agricultores, a dos manufatureiros, dos comerciantes, dos armadores, dos artistas, dos atores; ah!, certamente, nesse caso, não haverá classe que não pretenda, com razão, colocar também ela a mão na Lei; que não reivindique com furor seu direito de eleição e de elegibilidade; que não prefira abalar a sociedade a não obtê-lo. Os mendigos e os vagabundos provam eles mesmos que detêm títulos incontestáveis. Dirão eles:

> Jamais compramos vinho, tabaco, sal, sem pagar imposto, e parte desse imposto é dada legislativamente em subsídios, em subvenções a homens mais ricos do que nós. Outros usam a Lei para elevar artificialmente o preço do pão, da carne, do ferro, do pano. Como cada um explora a Lei em benefício próprio, nós também queremos explorá-la. Queremos tirar dela o *Direito à assistência*, que é a par-

te do pobre na espoliação. Para isso, é preciso que sejamos eleitores e legisladores, para que organizemos em grande escala a Esmola para nossa classe, assim como vocês organizaram em grande escala a Proteção para a sua. Não nos digam que vocês farão a sua parte, que nos darão, segundo a proposta do sr. Mimerel[3], uma soma de 600 mil francos para nos calar, como se isso fosse um osso para roermos. Temos outras pretensões, e, em todo caso, queremos nós mesmos fazer nossas estipulações, assim como fizeram as outras classes!

O que se pode responder a esse argumento?

14 – A perversão da Lei causa conflito

Sim, enquanto for admitido em princípio que a Lei pode ser desviada de sua verdadeira missão, que ela pode violar as propriedades em vez de garanti-las, toda classe vai querer fazer a Lei, seja para defender-se da espoliação, seja para também organizá-la em benefício próprio. A questão política virá sempre antes de todas, dominará, absorverá; numa palavra, haverá brigas na porta do Palácio legislativo. Do lado de dentro, a luta não será menos encarniçada. Para convencer-se disso, mal chega a ser necessário olhar o que acontece nas Câmaras da França e da Inglaterra; basta saber de que modo a questão é ali apresentada.

É necessário provar que essa odiosa perversão da Lei é uma causa perpétua de ódio, de discórdia, poden-

---

[3] O industrial e político francês Auguste Mimerel (1786-1871), cuja atuação parlamentar caracterizou-se pela defesa do protecionismo econômico da indústria nacional. (N. E.)

do chegar à desorganização social? Voltem os olhos para os Estados Unidos. Trata-se do país do mundo em que a Lei mais permanece em seu papel, que é garantir a cada um sua liberdade e sua propriedade. Assim, trata-se do país do mundo em que a ordem social parece repousar sobre as bases mais estáveis. No entanto, nos próprios Estados Unidos, há duas questões, e não mais do que duas, que, desde a origem, várias vezes colocaram em risco a ordem pública.

15 – Escravidão e tarifas constituem espoliação

E quais são essas duas questões? A da Escravidão e a das Tarifas, isto é, precisamente as duas únicas questões em que, contrariando o espírito geral dessa república, a Lei assumiu o caráter espoliador.

Escravidão é uma violação, sancionada pela lei, dos direitos da Pessoa. A Proteção é uma violação, perpetrada pela lei, do direito de Propriedade; e certamente é bastante notável que, em meio a tantos outros debates, esse duplo *flagelo legal*, triste herança do velho mundo, seja o único que possa causar e talvez cause a ruptura da União. Isso porque, de fato, não se consegue imaginar, no seio de uma sociedade, enormidade maior do que esta: *a Lei tornada instrumento de injustiça.* E se esse fato engendra consequências tão formidáveis para os Estados Unidos, onde ele não passa de uma exceção, como será na nossa Europa, onde ele é um Princípio, um Sistema?

16 – Duas espécies de perversão

O sr. de Montalembert[4], apropriando-se do pensamento de uma famosa proclamação do sr. Carlier[5], dizia: é preciso fazer a guerra contra o Socialismo – e, por Socialismo, é preciso crer que, segundo a definição do sr. Charles Dupin[6], ele referia a Espoliação.

Porém, de qual Espoliação ele queria falar? Afinal, existem dois tipos: a *espoliação extra-legal* e a *espoliação legal*.

Quanto à espoliação extra-legal, aquela a que chamamos roubo, estelionato, aquela que está definida, prevista e punida pelo Código Penal, na verdade, não creio que se possa decorá-la com o nome de Socialismo. Não é essa que ameaça sistematicamente a sociedade em suas bases. No mais, a guerra contra esse tipo de espoliação não esperou o sinal do sr. de Montalembert ou do sr. Carlier. Ela acontece desde o começo do mundo; a França a travou, desde muito antes da revolução de fevereiro, desde muito antes do aparecimento do Socialismo, por meio de todo um aparato de magistratura, de governo, de polícia, de prisões, de campos de trabalho, e de cadafalsos. Foi a Lei mesma quem liderou essa

---

[4] O escritos e político francês Charles Forbes René de Tryon (1810-1870), conde de Montalembert, foi o mais ilustre representante do catolicismo liberal de sua época. (N. E.)

[5] O funcionário público e político francês Pierre Carlier (1799-1858) foi nomeado, em 1849, chefe da polícia de Paris, tendo sido um dos maiores adversários dos socialistas no período. (N. E.)

[6] Referência ao engenheiro, matemático, estatístico, economista e político francês François Pierre Charles Dupin (1784-1873), barão Dupin, um ativo estadista liberal católico. (N. E.)

guerra, e, para mim, o desejável seria que a Lei ainda tivesse a mesma atitude quanto à Espoliação.

17 – A Lei defende a espoliação

Porém, não é assim. A Lei às vezes fica do lado da Espoliação. Às vezes, ela a executa com suas próprias mãos, a fim de poupar a seu beneficiário a vergonha, o risco, e o escrúpulo. Às vezes ela coloca todo esse aparato de magistratura, governo, polícia, e prisão a serviço do espoliador, e trata como criminoso o espoliado que se defende. Em uma palavra, existe a *espoliação legalizada*, e é sem dúvida disso que fala o sr. de Montalembert.

Essa espoliação pode ser, na legislação de um povo, apenas uma mácula excepcional, e, nesse caso, o que é melhor fazer, sem muitas declamações e lamúrias, é apagá-la o mais rápido possível, apesar dos clamores dos interessados.

18 – Como identificar a espoliação legalizada

Como reconhecê-la? É muito simples. É preciso averiguar se a Lei toma de uns o que lhes pertence para dar aos outros aquilo que não lhes pertence. É preciso averiguar se a Lei executa, em benefício de um cidadão e em detrimento dos outros, um ato que esse cidadão não poderia ele mesmo executar sem cometer um crime. Apressem-se em ab-rogar essa Lei; ela não é apenas uma iniquidade, ela é uma fonte fecunda de iniquidades; pois ela chama represálias, e, caso não se tome cuidado, o fato excepcional se estenderá, se multiplicará, e se tornará sistemático.

Sem dúvida, o beneficiário gritará muito alto; invocará o *direito adquirido*. Dirá que o Estado deve Proteção e Incentivo a sua indústria; alegará que é bom que o Estado o enriqueça, porque, sendo mais rico, gasta mais, e assim aumenta uma chuva de salários sobre os pobres trabalhadores. Evitem escutar esse sofista, porque é justamente pela sistematização desses argumentos que será sistematizada a *espoliação legalizada*.

Isso é o que aconteceu. A quimera do momento é enriquecer todas as classes às custas umas das outras; é generalizar a Espoliação sob o pretexto de *organizá-la*.

19 – A espoliação legalizada tem muitos nomes

Ora, a espoliação legalizada pode acontecer de infinitas maneiras; daí a infinidade de planos de organização: tarifas, proteções, subsídios, subvenções, incentivos, imposto progressivo, educação gratuita, Direito ao trabalho, Direito ao lucro, Direito ao salário, Direito à assistência, Direito aos instrumentos de trabalho, gratuidade do crédito etc. E é o conjunto de todos esses planos, naquilo que têm de comum, a espoliação legalizada, que assume o nome de Socialismo.

Ora, o Socialismo, assim definido, formando um corpo doutrinal, que guerra se pode querer fazer contra ele, se não uma guerra de doutrina? Você acha essa doutrina falsa, absurda, abominável. Refute-a. Isso será tão mais fácil quanto mais ela for falsa, absurda, abominável. Sobretudo, se você quer ser forte, comece por extirpar da sua legislação tudo o que nela pôde imiscuir-se de Socialismo – e esse trabalho não é pequeno.

20 – Socialismo é espoliação legalizada

O sr. de Montalembert foi censurado por querer dirigir a força bruta contra o Socialismo. É uma censura da qual ele deve ser exonerado, pois ele disse formalmente: é preciso fazer contra o Socialismo a guerra que é compatível com a lei, com a honra, e com a justiça.

Porém, como o sr. de Montalembert não percebe que está num círculo vicioso? Você quer opor a Lei ao Socialismo? Mas o Socialismo invoca precisamente a Lei. Ele não aspira à espoliação extra-legal, mas à espoliação legalizada. É da Lei mesma, à maneira dos monopolistas de todo tipo, que ele pretende fazer um instrumento; e, uma vez que ele tenha a Lei para si, como voltar a Lei contra ele? Como colocá-lo sob o jugo dos seus tribunais, dos seus policiais, das suas prisões?

Assim, o que você faz? Você precisa impedi-lo de chegar perto da confecção das Leis. Você precisa mantê-lo fora do Palácio legislativo. Você não conseguirá, ouso prever, enquanto do lado de dentro se legiferar sobre o princípio da Espoliação legalizada. É iníquo demais, é absurdo demais.

21 – A escolha diante de nós

É absolutamente necessário que seja esvaziada a questão da Espoliação legalizada, e só há três soluções:

1ª) Que os poucos espoliem os muitos.

2ª) Que todos espoliem todos.

3ª) Que ninguém espolie ninguém.

Espoliação parcial, espoliação universal, ausência de espoliação – é preciso escolher. A Lei só pode buscar um desses três resultados.

Espoliação *parcial* – é o sistema que prevaleceu enquanto o eleitorado foi *parcial*, sistema que se volta a buscar a fim de evitar a invasão do Socialismo.

Espoliação *universal* – é o sistema de que fomos ameaçados quando o eleitorado se tornou *universal*, tendo a massa concebido a ideia de legiferar segundo o princípio dos legisladores que a antecederam.

Ausência de Espoliação – é o princípio de justiça, de paz, de ordem, de estabilidade, de conciliação, de bom senso que proclamarei com toda a força, ai!, deveras insuficiente, dos meus pulmões, até meu último sopro.

22 – A função própria da lei

E, sinceramente, pode-se exigir da Lei alguma outra coisa? A Lei, tendo por sanção necessária a Força, pode ser razoavelmente usada para alguma outra coisa além de manter cada um em seu Direito? Desafio que alguém a faça sair desse círculo sem torcê-la, e, por conseguinte, sem voltar a Força contra o Direito. E como essa é a perturbação social mais funesta e mais ilógica que se pode imaginar, é preciso reconhecer que a verdadeira solução, tão procurada, do problema social, está encerrada nestas simples palavras: A LEI É A JUSTIÇA ORGANIZADA.

Ora, notemos bem: organizar a Justiça por meio da Lei, isto é, da Força, exclui a ideia de organizar por meio da Lei ou da Força qualquer manifestação da atividade humana: Trabalho, Caridade, Agricultura, Comércio,

Indústria, Educação, Belas-Artes, Religião; afinal, não é possível que uma dessas organizações secundárias não destrua a organização essencial. De fato, como imaginar a Força atentando contra a Liberdade dos cidadãos sem prejudicar a Justiça, sem agir contra seu próprio fim?

23 – A sedutora atração do socialismo

Aqui vou contra o mais popular preconceito da nossa época. Não queremos apenas que a Lei seja justa; queremos também que ela seja filantrópica. Não nos contentamos que ela garanta a cada cidadão o exercício livre e inofensivo de suas faculdades, aplicadas a seu desenvolvimento físico, intelectual e moral; exigimos que ela estenda diretamente sobre a nação o bem-estar, a educação, e a moralidade. É o lado sedutor do Socialismo.

Porém, repito, essas duas missões da Lei se contradizem. É preciso optar. O cidadão não pode ao mesmo tempo ser livre e não ser.

24 – A fraternidade forçada destrói a liberdade

Outro dia o sr. de Lamartine[7] me escreveu: *"A sua doutrina é apenas a metade do meu programa; o senhor fica na Liberdade, eu estou na Fraternidade"*. Respondi-lhe: *"A segunda metade do seu programa destruirá a primei-*

---

[7] O poeta, ensaísta e político francês Alphonse de Lamartine (1790-1869) foi uma figura central na Segunda República, implantada em decorrência da Revolução de 1848. Após o fracasso na candidatura a presidência e a transformação do novo regime pelo presidente eleito Luís Napoleão Bonaparte (1808-1873) no Segundo Império, ao se coroar em 1852, quando foi coroado como Napoleão III, o literado afastou-se da vida pública para dedicar-se exclusivamente às letras, tendo influenciado as obras dos poetas Álvares de Azevedo (1831-1852) e Castro Alves (1847-1871). (N. E.)

ra". E, de fato, para mim é completamente impossível separar a palavra *fraternidade* da palavra *voluntária*. Para mim, é completamente impossível conceber a Fraternidade *legalmente* forçada, sem que a Liberdade seja *legalmente* destruída, e a Justiça, *legalmente* pisoteada.

A espoliação legalizada tem duas raízes: uma, como acabamos de ver, está no Egoísmo humano; a outra está na falsa Filantropia.

Antes de prosseguir, creio que devo explicar melhor o termo Espoliação.

25 – A espoliação viola a propriedade

Não o uso, como se faz com excessiva frequência, numa acepção · vaga, indeterminada, aproximativa, metafórica: sirvo-me dele em sentido totalmente científico, exprimindo a ideia contrária à ideia de Propriedade. Quando uma porção de riquezas passa de quem a adquiriu, sem seu consentimento e sem compensação, para quem não a criou, seja por força ou por artifício, digo que há um atentado contra a Propriedade, que há Espoliação.

Digo que é exatamente isso que a Lei deveria reprimir sempre e por toda parte. Que, se a Lei realiza ela própria o ato que deveria reprimir, digo que não há menos Espoliação, e, aliás, socialmente falando, há com circunstância agravante. Só que, nesse caso, não é aquele que se beneficia da Espoliação que é responsável por ela, é a Lei, é o legislador, é a sociedade, e é isso que gera o perigo político.

É lamentável que essa palavra tenha algo de ofensivo. Em vão procurei outra, pois em momento nenhum, e hoje menos do que nunca, quis lançar no meio das nossas discórdias uma palavra irritante. Também, creia-se ou não, afirmo que não pretendo acusar as intenções ou a moralidade de quem quer que seja. Ataco uma ideia que julgo falsa, um sistema que me parece injusto, absolutamente alheio a intenções, e do qual cada um de nós se beneficia sem querer e padece sem saber.

26 – Três sistemas de espoliação

É preciso escrever sob a influência de um ânimo partidarista ou do medo para colocar em dúvida a sinceridade do Protecionismo, do Socialismo, e até do Comunismo, que não passam da única e mesma planta, em três períodos distintos de seu crescimento. Tudo o que se pode dizer é que a Espoliação é mais visível, por sua parcialidade, no Protecionismo[8], por sua universalidade, no Comunismo; de onde se segue que, dos três sistemas, o Socialismo é ainda o mais vago, o mais indeciso, e, por conseguinte, o mais sincero.

Como quer que seja, convir que a espoliação legal izada tem uma de suas raízes na falsa filantropia é evidentemente colocar as intenções fora de questão.

---

[8] Se, na França, a proteção fosse concedida a apenas uma classe – por exemplo, aos donos de metalúrgicas, ela seria tão absurdamente espoliadora que não poderia se manter. Por isso, vemos todas as indústrias protegidas coligando-se, estabelecendo uma causa comum, e até convocando umas às outras para dar a impressão de estar abraçando o conjunto do *trabalho nacional*. Elas sentem instintivamente que a generalização da Espoliação a dissimula.

Entendido isso, examinemos o que vale, de onde vem, e onde termina essa aspiração popular que pretende realizar o Bem geral por meio da Espoliação geral.

27 – A lei é força

Os socialistas nos dizem: como a Lei organiza a justiça, por que não organizaria o trabalho, o ensino, a religião?

Por quê? Porque ela não poderia organizar o trabalho, o ensino, a religião, sem desorganizar a Justiça.

Observe, portanto, que a Lei é a Força, e que, por conseguinte, o domínio da Lei não poderia ultrapassar legitimamente o legítimo domínio da Força.

Quando a lei e a Força retêm um homem na Justiça, não lhe impõem nada além de uma pura negação. Elas impõem-lhe apenas que se abstenha de lesar outrem. Elas não atentam nem contra sua Personalidade, nem contra sua Liberdade, nem contra sua Propriedade. Elas apenas salvaguardam a Personalidade, a Liberdade, e a Propriedade alheia. Elas se mantêm na defensiva: defendem o Direito igual de todos. Elas cumprem uma missão cuja inocuidade é evidente, cuja utilidade é palpável, cuja legitimidade é inconteste.

28 – A lei é um conceito negativo

Isso é tão verdadeiro que um de meus amigos me fez notar que dizer que *o fim da Lei é fazer reinar a Justiça* é usar uma expressão que não é rigorosamente exata. Seria o caso de dizer: *O fim da Lei é impedir a Injustiça de reinar*. De fato, não é a Justiça que tem existência própria, mas a Injustiça. Uma resulta da ausência da outra.

Porém, quando a Lei – por intermédio da Força, seu agente necessário – impõe um modo de trabalho, um método ou uma matéria de ensino, uma fé ou um culto, não é mais negativamente, mas positivamente que ela age sobre os homens. Ela põe a própria vontade no lugar da vontade deles, a iniciativa do legislador no lugar da iniciativa deles. Eles não precisam mais consultar uns aos outros, comparar-se, prevenir-se; a Lei faz tudo isso por eles. A inteligência torna-se para eles um móvel inútil; eles deixam de ser homens; perdem sua Personalidade, sua Liberdade, sua Propriedade.

Tente imaginar uma forma de trabalho imposta pela Força que não seja um atentado contra a Propriedade. Caso não consiga, convenha então que a Lei não pode organizar o trabalho e a indústria sem organizar a Injustiça.

29 – A abordagem política

Quando, do fundo de seu gabinete, um publicista[9] mira a sociedade, ele se impressiona com o espetáculo de desigualdade que se apresenta a seus olhos. Ele geme com os sofrimentos que recaem sobre um número enorme dos nossos irmãos, sofrimentos cujo aspecto fica ainda mais entristecedor contrastado com o luxo e a opulência.

Ele deveria talvez perguntar-se se esse estado social não se deve a antigas Espoliações, exercidas por via de con-

---

[9] O *publiciste* do texto original é um autor dedicado a questões políticas, como fica evidente pelos "publicistas" elencados na sequência. (N. T.)

quista, e de Espoliações novas, exercidas por intermédio das Leis. Ele deveria se perguntar se, dada a aspiração de todos os homens pelo bem-estar e pelo aprimoramento, o reino da justiça não basta para produzir a maior atividade do Progresso, e a maior soma de Igualdade, compatíveis com aquela responsabilidade individual que Deus dispôs como justa retribuição das virtudes e dos vícios.

Só que ele nem cogita isso. Seu pensamento se volta para combinações, para arranjos, para organizações legais ou factícias. Ele busca o remédio na perpetuação e no exagero daquilo que produziu o mal.

Afinal, além da Justiça, que, como vimos, é apenas uma verdadeira negação, há alguns desses arranjos legais que não guarde o princípio da Espoliação?

30 – A lei da caridade

Você diz: "Eis aqui homens que carecem de riquezas" – e você se dirige à Lei. Porém, a Lei não é uma mama que se enche de si mesmo, ou cujas veias lactíferas possam alimentar-se de algo que não seja a sociedade. Nada entra no tesouro público, em favor de um cidadão ou de uma classe, que não seja aquilo que os outros cidadãos e as outras classes foram *forçados* a colocar ali. Se cada um só tirar dele o equivalente daquilo que colocou, a sua Lei, é verdade, não é espoliadora, mas nada faz por aqueles homens que *carecem de riquezas*, ela nada faz pela igualdade. Ela só pode ser um instrumento igualitário na medida em que toma de uns para dar a outros, e então ela é um instrumento de Espoliação.

Examinemos desde esse ponto de vista a Proteção das tarifas, os subsídios de incentivo, o Direito ao lucro, o Direito ao trabalho, o Direito à assistência, o Direito à instrução, o imposto progressivo, a gratuidade do crédito, o *atelier social*[10], e sempre você encontrará no fundo a Espoliação legalizada, a injustiça organizada.

31 – A lei da educação

Você diz: "Eis aqui homens que carecem de luzes" – e você se dirige à lei. Porém, a Lei não é uma tocha que espalha na distância uma claridade que lhe pertence. Ela paira sobre uma sociedade em que há homens que têm conhecimento e outros que não têm; cidadãos que têm necessidade de aprender, e outros que estão dispostos a ensinar. Ela só pode fazer uma de duas coisas: ou permitir que esse tipo de operação ocorra livremente, que esse gênero de necessidade seja livremente satisfeito; ou então forçar as vontades nesse ponto e tomar de uns os meios para pagar os professores encarregados de instruir gratuitamente os outros. Porém, ela não pode agir como se não houvesse, no segundo caso, um atentado à Liberdade e à Propriedade, uma espoliação legalizada.

32 – A lei da moralidade

Você diz: "Eis aqui homens que carecem de moralidade ou de religião" – e você se dirige à Lei. Mas a Lei

---

[10] Referência provável aos *ateliers sociaux* idealizadas pelo socialista Louis Blanc (1811-1882), que seriam cooperativas de trabalho a ser inicialmente garantidas pelo governo. (N. T.)

é a Força, e preciso dizer o quanto é violento e louco tentar fazer com que a força interfira nessas questões?

No fundo desses sistemas e desses esforços, parece que o Socialismo, por mais que se compraza consigo mesmo, não consegue deixar de enxergar o monstro da espoliação legalizada. Mas o que ele faz? Ele o disfarça habilmente a todos os olhos, até aos seus próprios, sob os nomes sedutores de Fraternidade, Solidariedade, Organização, Associação. E como não pedimos tanto à Lei, como não exigimos dela nada além da Justiça, ele supõe que rejeitamos a fraternidade, a solidariedade, a organização, a associação, e joga em nossa cara o epíteto de *individualistas*.

Que ele saiba então que aquilo que repelimos não é a organização natural, mas a organização forçada.

Não é a associação livre, mas as formas de associação que ele pretende nos impor.

Não é a fraternidade espontânea, mas a fraternidade jurídica.

Não é a solidariedade providencial, mas a solidariedade artificial, que não passa de uma transferência injusta de Responsabilidade.

33 – Uma confusão de termos

O Socialismo, assim como a antiga política do qual emana, confunde Governo e Sociedade. É por isso que, a cada vez que não queremos que uma coisa seja feita pelo Governo, ele conclui que não queremos que essa coisa seja feita, pura e simplesmente. Rejeitamos a educação dada pelo Estado; portanto, não queremos educação. Rejeitamos a equalização pelo Estado; portanto, não queremos igualdade etc., etc. É como se ele nos acusasse de não querer que os homens comam, porque rejeitamos a cultura do trigo estatal.

* * *

34 – A influência dos escritores socialistas

Como pôde prevalecer, no mundo político, a bizarra ideia de fazer decorrer da Lei aquilo que não está nela: o Bem, em modo positivo, a Riqueza, a Ciência, a Religião?

Os publicistas modernos, particularmente aqueles da escola socialista, fundamentam suas diversas teorias numa hipótese comum, e seguramente a mais estranha, a mais orgulhosa que pode aparecer num cérebro humano.

Eles dividem a humanidade em duas partes. A universalidade dos homens, menos um, forma a primeira; o publicista, e somente ele, forma a segunda, e, significativamente, a mais importante.

De fato, eles começam pela suposição de que os homens não trazem em si nem um princípio de ação, nem um meio de discernimento; que são desprovidos de iniciativa; que são matéria inerte, moléculas passivas, átomos sem espontaneidade, no máximo uma vegetação indiferente a seu próprio modo de existência, suscetível a receber, de uma vontade e de uma mão exteriores, um número infinito de formas mais ou menos simétricas, artísticas, aperfeiçoadas.

Em seguida, cada um deles supõe, sem a menor dificuldade, que ele próprio é, sob o nome de Organizador, de Revelador, de Legislador, de Instituidor, de Fundador, essa vontade e essa mão, esse motor universal, essa força criadora cuja sublime missão é reunir em sociedade esses materiais esparsos, que são os homens.

Partindo desse dado, assim como um jardineiro, segundo seu capricho, poda suas árvores na forma de pirâmides, de guarda-sóis, de cubos, de cones, de vasos, de espaldeiras, de rocas, de leques, o socialista, seguindo sua quimera, poda a pobre humanidade em grupos, em séries, em centros, em sub-centros, em alvéolos, em *ateliers sociaux*[11], harmônicos, contrastados etc., etc.

E assim como o jardineiro, para executar a poda das árvores, precisa de machados, de foices, de tesouras, de serpetes, o publicista, para arrumar sua sociedade, precisa de forças que só pode encontrar nas Leis; lei de aduana, lei de imposto, lei de assistência, lei de educação.

35 – Os socialistas desejam desempenhar o papel de Deus

É tão verdadeiro que os socialistas consideram a humanidade matéria para combinações sociais, que se, por acaso, eles não têm muita certeza do sucesso dessas combinações, eles ao menos reclamam uma parcela da humanidade como *matéria de experiências*; sabemos o quanto é popular entre eles a ideia de *experimentar todos os sistemas*, e vimos um de seus líderes

---

[11] Ver nota anterior na página 67. (N. T.)

ir a assembleia pedir seriamente uma comuna, com todos os seus habitantes, para fazer seu experimento.

É assim que todo inventor cria sua máquina, em pequena escala antes de fazê-la em grande escala. É assim que o químico sacrifica alguns reagentes, que o agricultor sacrifica algumas sementes e um pedaço de seu campo para experimentar uma ideia.

Mas que distância incomensurável entre o jardineiro e suas árvores, entre o inventor e sua máquina, entre o químico e seus reagentes, entre o agricultor e suas sementes!... O socialista crê de boa-fé que a mesma distância o separa da humanidade.

Não é o caso de surpreender-se porque os publicistas do século XIX consideram a sociedade uma criação artificial saída do gênio do Legislador.

Essa ideia, fruto da educação clássica, dominou todos os pensadores, todos os grandes escritores do nosso país.

Todos viram entre a humanidade e o legislador as mesmas relações que existem entre a argila e o oleiro.

Mais ainda, se eles aceitaram reconhecer, no coração do homem, um princípio de ação, e, em sua inteligência, um princípio de discernimento, eles julgaram que isso era um dom funesto de Deus, e que a humanidade, sob a influência desses dois motores, tendia fatalmente para a degradação. Eles apresentaram como fato que, abandonada às suas inclinações, a humanidade, ao se ocupar da religião, chegaria inevitavelmente ao ateísmo, ao se ocupar do ensino, chegaria à ignorância, ao se ocupar do trabalho e do comércio, se estenderia na miséria.

36 – Os socialistas desprezam a humanidade

Felizmente, segundo esses mesmos autores, existem alguns homens, chamados de Governantes, de Legisladores, que receberam do céu, não somente para si, mas para todos os outros, tendências opostas.

Enquanto a humanidade se inclina para o Mal, eles se inclinam para o Bem; enquanto a humanidade caminha para as trevas, eles aspiram à luz; enquanto a humanidade é arrastada para o vício, eles são atraídos pela virtude. E, isso considerado, eles reclamam a Força, a fim de que ela os faça colocar suas próprias tendências no lugar das tendências do gênero humano.

Basta abrir, um pouco ao acaso, um livro de filosofia, de política, ou de história, para ver o quanto está fortemente enraizada em nosso país essa ideia, filha dos estudos clássicos e mãe do Socialismo, que a humanidade é uma matéria inerte que recebe do poder a vida, a organização, a moralidade, e a riqueza; ou então, o que é pior ainda, que a humanidade, por si, tende à degradação, e só foi detida nesse declive pela mão misteriosa do Legislador. O Convencionalismo clássico nos mostra o tempo inteiro, por trás da sociedade passiva, uma força oculta que, sob os nomes de Lei, de Legislador, ou que, sem que um sujeito seja especificamente designado[12], move a humanidade, anima-a, enriquece-a e moraliza-a.

---

[12] No original, "*ou sous cette expression plus commode et plus vague de ON*", literalmente, "sob a expressão mais vaga e mais cômoda de *ON*". *On* é uma partícula francesa que admite diversas traduções. Um de seus usos mais comuns é aquele que, em português, corresponde ao "faz-se", "sabe-se", isto é, ao sujeito indeterminado. Também pode ser traduzida pela voz passiva, e de outras maneiras. Costuma-se dizer que o *on* francês cor-

37 – A defesa do trabalho como compulsório

BOSSUET[13] – "Uma das coisas mais fortemente gravadas (por quem?) no espírito dos egípcios era o amor da Pátria... *Não era permitido* ser inútil ao Estado; a Lei designava para cada um sua função, perpetuada de pai para filho. Não se podia ter duas, nem mudar de profissão... Porém, havia uma ocupação que era *obrigatoriamente* comum, o estudo das leis e da sabedoria. A ignorância da religião e do governo do país não era desculpada em nenhum estado. De resto, cada profissão tinha seu cantão, que lhe era designado (por quem?)... Entre boas leis, o que havia de melhor era que todos eram nutridos (por quem?) no espírito de sua observação... Seus azougues encheram o Egito de invenções maravilhosas, e não lhes deixaram ignorar praticamente nada daquilo que podia tornar a vida cômoda e tranquila".

Assim, os homens, segundo Bossuet, nada tiram de si mesmos: patriotismo, riquezas, atividade, sabedoria, invenções, lavoura, ciências, tudo vinha a eles pela operação das Leis ou dos Reis. Bastaria que permitissem a ação destes.

---

responde ao "a gente", mas isso é válido se lembrarmos o uso mais antigo de "a gente", que significa "as pessoas", indeterminadamente, e não "nós". Porém, não é o caso de escrever um verbete sobre a partícula, mas de chamar a atenção do leitor para uma peculiaridade do texto.

[13] O teólogo católico, bispo e ministro de Estado francês Jacques-Bénigne Bossuet (1627-1704) foi um dos principais teóricos do absolutismo monárquico, sendo um defensor da teoria do direito divino dos reis, sistematizando suas teses fundamentais na obra póstuma *Política Tirada das Santas Escrituras* (1709). (N. E.)

38 – Defesa do governo paternalista

É nesse ponto que Bossuet retoma a acusação de Diodoro[14] de que os egípcios rejeitavam a luta e a música. *"Como isso é possível"*, diz ele, *"se essas artes foram inventadas por Trimegisto?"*

Igualmente, entre os Persas:

> Uma das primeiras preocupações do *príncipe* era fazer florescer a agricultura... Assim como havia despesas estabelecidas para a condução dos exércitos, também havia para cuidar dos trabalhos rústicos... O respeito INSPIRADO[15] nos persas pela autoridade real chegava ao excesso.

Os gregos, ainda que cheios de inteligência, não eram menos alheios às suas existências: por si, assim como os cachorros e os cavalos, nunca teriam se elevado à altura dos jogos mais simples. Classicamente, está estabelecido que nada vem aos povos de fora deles.

> Os gregos, naturalmente cheios de inteligência e de coragem, *tinham sido cultivados* desde cedo pelos Reis e pelas colônias vindas do Egito. Foi assim que eles aprenderam os exercícios do corpo, *a correr a pé*, a cavalo, e em bigas... Aquilo que os egípcios lhes ensinaram de melhor foi tornar-se dóceis, deixar-se formar pelas leis para o bem público.

---

[14] Referência ao historiador grego Diodoro Sículo (90-30 a.C.), autor da obra *Biblioteca Histórica*. (N. E.)

[15] No original, *"qu'ON inspirait"*. (N. T.)

39 – A ideia da humanidade passiva

FÉNELON[16] – Alimentado pelo estudo da Antiguidade e pela admiração por ela, testemunha da força de Luís XIV[17], Fénelon mal poderia escapar da ideia de que a humanidade é passiva, e que seus infortúnios, assim como suas prosperidades, suas virtudes e seus vícios, vinham-lhe de uma ação exterior, exercida sobre ela pela Lei ou por aquele que a faz. Assim, em sua utópica Salento, ele coloca os homens, junto com seus interesses, com suas faculdades, com seus desejos, e com seus bens, sob o poder discricionário absoluto do Legislador. Em qualquer questão que seja, não são jamais eles que julgam por si, é o Príncipe. A nação é apenas uma matéria informe, que tem no Príncipe sua alma. É nele que residem o pensamento, a previdência, o princípio de toda organização, de todo progresso, e, por conseguinte, a Responsabilidade.

Para provar essa afirmativa, eu precisaria transcrever aqui todo o décimo livro de Telêmaco[18]. Remeto o leitor a ele, contentando-me a citar alguns trechos tirados ao acaso desse célebre poema, ao qual, sob todos os demais aspectos, sou o primeiro a fazer justiça.

---

[16] O teólogo católico, arcebispo, poeta, romancista e ensaísta francês François Fénelon (1651-1715), conhecido como "o Cisne de Cambrai", foi um opositor de muitas posições tanto da Igreja quanto de Estado em sua época por ter defendido inúmeras ideias liberais sobre educação e política. (N. E.)

[17] O monarca francês Luís XIV (1638-1715), denominado "o Rei Sol", ocupou o trono de seu país desde 1643 até sua morte, sendo o mais caraterístico representante do absolutismo. (N. E.)

[18] Referência ao romance didático *Aventuras de Telêmaco, Filho de Ulisses*, publicado anonimamente em 1699 por François Fénelon, tendo como enredo uma continuação das clássicas obras *Ilíada* e *Odisseia* do poeta grego Homero. (N. E.)

40 – Os socialistas ignoram a razão e os fatos

Com aquela surpreendente credulidade que caracteriza os clássicos, Fénelon admite, apesar da autoridade do raciocínio e dos fatos, a felicidade geral dos Egípcios, e a atribui não à sua própria sabedoria, mas a de seus Reis:

> Não era possível voltar os olhos para as duas margens sem enxergar cidades opulentas, casas de campo agradavelmente situadas, terras que que se cobrem todos os anos de uma seara dourada, que nunca descansa; pradarias plenas de rebanhos; trabalhadores esmagados pelo peso dos frutos que a terra derrama de seu seio; pastores que repetiam os doces sons de suas flautas e de seus *chalumeaux*[19] a todos os ecos do entorno. *Feliz*, dizia Mentor[20], *o povo que é conduzido por um rei sábio.*
>
> Em seguida Mentor chamou minha atenção para a alegria e para a abundância espalhadas por toda a campanha do Egito, onde se contavam até vinte e duas mil cidades; a justiça exercida em favor do pobre *contra* o rico; a boa educação dos filhos, que eram acostumados à obediência, ao trabalho, à sobriedade, ao amor das artes e das letras; ao rigor em todas as cerimônias religiosas, o desapego, o desejo pela honra, a fidelidade aos homens e o temor aos deuses, que cada pai inspirava em seus filhos. Ele nunca se cansava de admirar essa bela ordem. *Feliz*, me dizia ele, *o povo que um rei sábio conduz assim.*

---

[19] O *chalumeau* é um instrumento predecessor da clarineta. (N. T.)

[20] Referência à personagem Mentor, que no poema épico *Odisseia* é amigo de Ulisses e tutor de Telêmaco. (N. E.)

Ainda mais sedutor é o idílio que Mentor produz sobre Creta. Em seguida acrescenta, pela boca de Mentor:

> Tudo o que você verá nesta ilha maravilhosa é fruto das leis de Minos[21]. A educação que mandava dar às crianças torna o corpo são e robusto. Eles primeiro SÃO ACOSTUMADOS a uma vida simples, frugal e laboriosa; ACREDITA-SE que toda volúpia amolece o corpo e a alma. A eles não É PROPOSTO nenhum outro prazer além de ser invencíveis pela virtude e adquirir muita glória... Aqui SÃO PUNIDOS três vícios que permanecem impunes nos outros povos: a ingratidão, a dissimulação e a avareza. Quanto à ostentação e ao ócio, nunca SÃO REPRIMIDOS, porque são desconhecidos em Creta... Nela não SÃO ACEITOS nem móveis preciosos, nem hábitos magníficos, nem banquetes deliciosos, nem palácios dourados.

É assim que Mentor prepara seu aluno para triturar e para manipular, sem dúvida com os fins mais filantrópicos, o povo de Ítaca, e, para garantir, dá o exemplo em Salento.

Eis como recebemos nossas primeiras noções políticas. Somos ensinados a tratar os homens quase como Olivier des Serres[22] ensina os agricultores a tratar e a misturar a terra.

---

[21] De acordo com a mitologia grega, Minos era um semi-deus, filho de Zeus com a princesa fenícia Europa, que reinou e criou as leis de Creta. (N. E.)

[22] O agrônomo e escritor francês Olivier de Serres (1539-1619) é o autor da obra *Théâtre de l'Agriculture* [*Teatro da Agricultura*], um livro-texto de agricultura muito popular no século XVII. (N. E.)

41 – Um nome famoso e uma ideia má

MONTESQUIEU[23] – Para manter o espírito de comércio, é preciso que todas as leis o incentivem; que essas mesmas leis, por suas disposições, dividindo as fortunas à medida que o comércio as aumenta, coloquem cada cidadão pobre num desafogo suficiente para que possa trabalhar como os outros, e cada cidadão rico numa mediocridade tal que ele precise trabalhar para conservar ou para adquirir...

Assim as Leis dispõem de todas as fortunas.

Ainda que na democracia a igualdade real seja a alma do Estado, ela é, no entanto, tão difícil de estabelecer que um rigor extremo nesse aspecto nem sempre conviria. Basta que SEJA ESTABELECIDO um censo que reduza ou fixe as diferenças num certo patamar. Depois disso, cabe às leis particulares equalizar, por assim dizer, as desigualdades, pelos encargos que impõem aos ricos e pelo alívio que concedem aos pobres...

Trata-se ainda exatamente da equalização das fortunas pela lei, pela força.

Havia na Grécia dois tipos de repúblicas. Umas eram militares, como a Lacedemônia; outras eram comerciantes, como Atenas. Numas, QUERIA-SE

---

[23] O magistrado, literato, filósofo e político francês Charles-Louis de Secondat (1689-1775), barão de La Brède e de Montesquieu, foi um dos mais importantes escritores do Iluminismo, tendo oferecido com a famosa obra *O Espírito das Leis* (1748) grande contribuição tanto ao liberalismo quanto ao pensamento jurídico. (N. E.)

que os cidadãos fossem ociosos; em outras, BUSCA-VA-SE transmitir o amor pelo trabalho.

Rogo para que se dê um pouco de atenção a toda a genialidade que aqueles legisladores precisaram ter para enxergar que, ao ir contra todos os costumes recebidos, ao confundir todas as virtudes, eles mostravam ao universo *sua sabedoria*. Licurgo, ao misturar o furto com o espírito de justiça, a mais dura escravidão com a extrema liberdade, os sentimentos mais atrozes com a maior moderação, deu estabilidade à sua cidade. Ele parecia tirar dela todos os recursos, as artes, o comércio, o dinheiro, as muralhas: ali, tem-se ambição sem esperança de melhora; tem-se os sentimentos naturais, e não se é nem filho, nem marido, nem pai; o próprio pudor é subtraído à castidade. *É por esse caminho que Esparta é conduzida à grandeza e à glória...*

O que havia de extraordinário que se via nas instituições da Grécia, vimos *na escória e na corrupção dos tempos modernos*. Um legislador de respeito formou um povo em que a probidade parece tão natural quanto a bravura entre os espartanos. O sr. Penn[24] é um verdadeiro Licurgo, e ainda que o primeiro tenha tido a paz por objetivo e o segundo a guerra, eles se assemelham na via singular em que colocaram *seu* povo, na ascendência que tiveram sobre os homens libres, nos preconceitos que venceram, nas paixões que submeteram.

---

[24] O nobre, escritor e colonizador inglês William Penn (1644-1718) foi o missionário Quaker que fundou em 1682 a colônia britânica da Pensilvânia, na América do Norte, cujas garantias legais da carta de fundação criada por Penn estabelecia a liberdade religiosa, o direito de não aprisionamento sem processo legal, os julgamentos imparciais por um tribunal de júri e as eleições democráticas livres. (N. E.)

O Paraguai pode nos dar outro exemplo. Quis-se fazer dele um crime cometido pela *Companhia*[25], que enxerga o prazer de comandar como o único bem da vida; porém, será sempre belo *governar os homens tornando-os mais felizes...*

Aqueles que desejem criar instituições similares estabelecerão a comunidade dos bens da República de Platão, o respeito que ele exigia para os deuses, a separação em relação aos estrangeiros para a preservação dos costumes, e a cidade fazendo o comércio, não os cidadãos[26]; eles proverão nossas artes sem nosso luxo, e nossas necessidades sem nossos desejos[27].

42 – Uma ideia horripilante

Por mais que a admiração vulgar exclame: "É Montesquieu, portanto é magnífico! É sublime!", terei a coragem da minha opinião e de dizer: *"O quê? Você tem a audácia de achar isso bonito?"*[28]

---

[25] Referência ao trabalho missionário realizado no Paraguai pela Companhia de Jesus [*Societas Iesu*], a ordem religiosa dos jesuítas, fundada por Santo Inácio de Loyola (1491-1556), que terminou com a chamada Guerra Guaranítica, travada entre 1753 e 1756 pelos missionários e as tribos Guarani da região contra as tropas espanholas e portuguesas, em decorrência do Tratado de Madri, de 1750, que redefiniu as linhas de demarcação entre os territórios coloniais da Espanha e de Portugal na América do Sul. (N. T.)

[26] A utopia da "comunidade dos bens" apresentada por Platão (427-347 a.C.) na obra *República* deve ser mais entendida como uma proposta educacional do que como um projeto socialista. (N. E.)

[27] O trecho final, *"ils donneront nos arts sans notre luxe, et nos besoins sans nos désirs"*, dá a impressão de que falta um verbo, mas assim está no original de Bastiat e no de Montesquieu. (N. T.)

[28] *"Quoi? Vous avez le front de trouver cela beau?"* Citação da comédia O *Misantropo* do dramaturgo e poeta francês Jean-Baptiste Poquelin (1622-1673), mais conhecido como Molière. (N. T.)

Mas é assustador! Abominável! E esses trechos, que eu poderia multiplicar, mostram que, nas ideias de Montesquieu, as pessoas, as liberdades, as propriedades, e a humanidade inteira não passam de materiais feitos para o exercício da sagacidade do Legislador.

43 – O líder dos democratas

> ROUSSEAU – Ainda que esse publicista, autoridade suprema dos democratas, fundamente o edifício social sobre a *vontade geral*, ninguém admitiu tão completamente quanto ele a hipótese da total passividade do gênero humano em face do Legislador.

Se é verdade que um grande príncipe é um homem raro, e um grande legislador? O primeiro precisa apenas seguir o modelo que o outro deve propor. *Este é o mecânico que inventa a máquina*, aquele é apenas o operário que a monta e a faz funcionar.

E o que são os homens nisso tudo? A máquina que é montada e que funciona, ou melhor, a matéria bruta de que a máquina é feita!

Assim, entre o Legislador e o Príncipe, entre o Príncipe e seus súditos, existem as mesmas relações que entre o agrônomo e o agricultor, o agricultor e a gleba.

A que altura acima da humanidade localiza-se então esse publicista, que governa os próprios Legisladores e os ensina seu ofício nestes termos imperativos:

Querem dar consistência ao Estado? Aproximem-se dos extremos o quanto puderem. Não aceitem nem pessoas opulentas nem miseráveis.

Se o solo for ingrato ou estéril, ou o país apertado demais para os habitantes, *voltem-se* para a indústria e para as artes, cujas produções vocês trocarão pelas iguarias que lhes faltam... Num bom terreno, caso *lhes faltem* habitantes, preocupem-se integralmente com a agricultura, que multiplica os homens, e *expulsem* as artes, que só farão com que o país acabe despovoado... Cuidem das margens extensas e cômodas, *cubram o mar* de navios, e sua existência será brilhante e curta. Se o mar só banha o seu litoral em rochedos inacessíveis, *permaneçam bárbaros* e comendo peixes, a sua vida será mais tranquila, talvez até melhor, e, seguramente, mais feliz. Numa palavra, além das máximas comuns a todos, cada povo guarda em si alguma causa que os ordena de maneira particular, e torna sua legislação adequada somente para ele. Foi assim que outrora os hebreus, e recentemente os árabes, tiveram por principal objeto a religião; os atenienses, as letras; Cartago e Tiro, o comércio; Rodes, a marinha; Esparta, a guerra; e Roma, a virtude. O autor do *Espírito das Leis* mostrou com que arte o *legislador dirige a instituição para cada um de seus objetos...* Porém, se o legislador, enganando-se de objeto, assume um princípio diferente daquele que nasce da natureza das coisas, que um tende à servidão, e outro à liberdade; um às riquezas, o outro à população; um à paz, o outro às conquistas, veremos as leis enfraquecerem pouco a pouco, a constituição alterar-se, e o Estado só deixará de ser agitado quando for destruído ou alterado, e a natureza invencível tiver recuperado seu domínio.

Porém, se a natureza é invencível o bastante para *recuperar* seu domínio, por que Rousseau não admite que ela não precisava do legislador para *tomar* esse domínio desde o começo? Por que ele não admite que, obedecendo sua própria iniciativa, os homens se *voltarão* por si para o comércio em margens extensas e cômodas, sem que um Licurgo, um Sólon, um Rousseau se intrometam, sob o risco de *enganar-se*?

44 – Os socialistas querem o conformismo forçado

Como quer que seja, entendemos a terrível responsabilidade que Rousseau faz pesar sobre os inventores, professores, condutores, legisladores, e manipuladores de Sociedades. Por isso, ele é muito exigente com eles.

> Aquele que ousa empreender a instituição de um povo deve sentir-se capaz de mudar, por assim dizer, a natureza humana, de transformar cada indivíduo que, por si próprio, é um todo perfeito e solitário, na parte de um todo maior, do qual esse indivíduo recebe, no todo ou em parte, sua vida e seu ser; de alterar a constituição do homem para reforçá-la, de substituir a existência física e independente que todos recebemos da natureza por uma existência parcial e moral. É preciso, numa palavra, que ele tire do homem suas próprias forças, para dar-lhe forças que lhe são alheias...

Pobre espécie humana, o que fariam da sua dignidade os adeptos de Rousseau?

45 – Os legisladores desejam moldar a humanidade

RAYNAL[29] – O clima, isto é, o céu e o solo, é a primeira regra do legislador. *Seus* recursos ditam-lhe seus deveres. É primeiro *sua* posição local que ele deve consultar. Um povo lançado em litorais marítimos terá leis relativas à navegação... Se a colônia existe no interior, o legislador deve prever seu gênero e seu grau de fecundidade...

É sobretudo na distribuição da propriedade que a sabedoria da legislação ficará mais evidente. Em geral, em todos os países do mundo, quando se funda uma colônia, é preciso dar terras a todos os homens, isto é, a cada qual uma extensão suficiente para a manutenção de uma família...

Numa ilha selvagem que *SERIA POVOADA* de crianças, bastaria que *SE DEIXASSE* eclodir os germes da verdade nos desenvolvimentos da razão... Porém, quando SE ESTABELECE um povo já velho num país novo, a habilidade consiste *em permitir-lhe apenas* as opiniões e os hábitos incômodos dos quais não se pode curá-lo nem corrigi-lo. Querendo-se que estes não sejam transmitidos, ZELA-SE pela segunda geração, por uma educação pública e comum das crianças. Um príncipe, um legislador, jamais deveria fundar

---

[29] O sacerdote jesuíta, historiador e filósofo francês Guilherme Thomas François Raynal (1713-1796), mais conhecido como Abade Raynal, é autor, dentre outras obras, do livro *A Revolução da América*, no qual narra a Independência nos Estados Unidos, que se tornou muito influente tanto entre os revolucionários franceses quanto entre os inconfidentes mineiros. (N. E.)

uma colônia sem primeiro mandar para lá homens sábios para a instrução da juventude... Numa colônia nascente, todas as facilidades estão disponíveis para as precauções do Legislador que deseja *apurar o sangue e os costumes de um povo*. Se ele tiver gênio e virtude, as terras e os homens que terá *em suas mãos* inspirarão a sua alma um plano de sociedade, que um escritor só pode esboçar de maneira vaga e sujeita à instabilidade das hipóteses, as quais variam e se complicam com uma infinidade de circunstâncias difíceis demais de prever e de combinar...

46 – Os legisladores disseram como dirigir os homens

Não temos a impressão de estar ouvindo um professor de agricultura dizer a seus alunos:

> O clima é a primeira regra do agricultor. *Seus* recursos ditam-lhe seus deveres. O que ele deve consultar primeiro é *sua* posição local. Se está em solo argiloso, deve agir desta maneira. Se tem um solo arenoso, é assim que deve fazer. Todas as facilidades estão disponíveis para o agricultor que deseja limpar e melhorar seu solo. Tenha ele habilidade e terras, os fertilizantes que terá *em suas mãos* lhe inspirarão um plano para a exploração, que um professor só pode esboçar de maneira vaga e sujeita à instabilidade das hipóteses, as quais variam e se complicam com uma infinidade de circunstâncias difíceis demais de prever e de combinar.

Mas, ó, sublimes escritores, queiram lembrar em algum momento que essa argila, essa areia, esse esterco de que vocês dispõem tão arbitrariamente, são

Homens, seres inteligentes e livres como vocês, que receberam de Deus, como vocês, a faculdade de ver, de prever, de pensar, e de julgar por conta própria!

47 – Uma ditadura temporária

MABLY[30] – Ele supõe leis gastas pelo passar do tempo, pela negligência da segurança, e prossegue assim:

> Nessas circunstâncias, é preciso estar convencido de que as molas do governo relaxaram. *Dê-lhes* uma nova tensão (é ao leitor que Mably se dirige), e o mal será curado... Pense menos em punir os erros do que em incentivar as *virtudes que você precisa*. Por esse método você dará *à sua república* o vigor da juventude. É por não ter conhecido povos livres que elas perderam a liberdade! Porém, se os progressos do mal já chegaram a tal ponto que os magistrados não podem remediá-los eficazmente, *recorra* a uma magistratura extraordinária, cujo tempo seja curto, e o poder, considerável. A imaginação dos cidadãos precisa então ser impressionada...

E nesse tom ele preenche vinte volumes.

Houve uma época em que, sob a influência desses ensinamentos, que são a base da educação clássica, cada qual quis colocar-se fora e acima da humanidade, para arrumá-la, organizá-la, instituí-la segundo suas preferências.

---

[30] O sacerdote jesuíta, historiador e filósofo francês Gabriel Bonnot de Mably (1709-1785), algumas vezes chamado de Abade Mably, foi um opositor da propriedade privada, sendo uma das principais influências para a legislação revolucionária francesa implementada a partir de 1789, o que o fez ser tido posteriormente como um dos precursores dos socialistas da época de Bastiat. (N. E.)

48 – Os socialistas querem a igualdade de riquezas

CONDILLAC[31] – Senhor, torne-se um Licurgo ou um Sólon. Antes de prosseguir na leitura deste texto, divirta-se dando leis a algum povo selvagem da América ou da África. Estabeleça em moradas fixas aqueles homens errantes; ensine-os a alimentar os rebanhos...; trabalhe para desenvolver as qualidades sociais que a natureza colocou neles... Mande-lhes começar a praticar os deveres da humanidade... Envenene com castigos os prazeres prometidos pelas paixões, e verá esses bárbaros, a cada artigo da sua legislação, perderem um vício e ganharem uma virtude.

Todos os povos têm leis. Mas poucos dentre eles foram felizes. Qual a causa disso? É que os legisladores quase sempre ignoraram que o objeto da sociedade é unir as famílias por um interesse comum.

A imparcialidade das leis consiste em duas coisas: em estabelecer a igualdade na fortuna e na dignidade dos cidadãos... A medida que as suas leis estabelecerem uma igualdade maior, elas se tornarão mais caras a cada cidadão... Como a avareza, a ambição, a volúpia, a preguiça, o ócio, a inveja, o ódio, e o ciúme agitariam homens iguais em fortuna e em dignidade, e a quem as leis não deixariam a esperança de romper a igualdade? (Segue-se o idílio)

Aquilo que lhe foi dito sobre a República de Esparta deve dar ao senhor grandes esclarecimentos

---

[31] O sacerdote, escritor, filósofo, economista e psicólogo francês Étienne Bonnot de Condillac (1714-1780), além de ter defendido a noção psicológica que todas as ideias são oriundas nos sentidos, foi um dos precursores da teoria do valor fundada na utilidade. (N. E.)

sobre essa questão. Nenhum outro Estado jamais teve leis mais conformes à ordem da natureza e da igualdade.

49 – O erro dos escritores socialistas

Não surpreende que os séculos XVII e XVIII tenham considerado o gênero humano uma matéria inerte, que recebe tudo, forma, figura, impulso, movimento, e vida, de um grande Príncipe, de um grande Legislador, de um grande Gênio. Esses séculos foram alimentados pelo estudo da Antiguidade, e a Antiguidade de fato nos oferece, por toda parte, no Egito, na Pérsia, na Grécia, em Roma, o espetáculo de alguns homens manipulando a seu bel prazer a humanidade submetida pela força ou pela impostura. O que isso prova? Que, como o homem e a sociedade são perfectíveis, o erro, a ignorância, o despotismo, a escravidão, e a superstição devem ter-se acumulado principalmente no começo dos tempos.

O erro dos autores que citei não é ter constatado esse fato, mas tê-lo proposto, como regra, à admiração e à imitação das raças futuras. Seu erro é ter, com uma ausência de crítica inconcebível, e pela fé de um *convencionalismo* pueril, admitido aquilo que é inadmissível, a saber, a grandeza, a dignidade, a moralidade e o bem-estar daquelas sociedades factícias do mundo antigo; de não ter compreendido que o tempo produz e propaga a luz; que, à medida que se faz a luz, a força passa para o lado do Direito, e a sociedade retoma a posse de si mesma.

50 – O que é a liberdade?

E, de fato, qual é o trabalho político a que assisti-mos? Não é nada além do esforço instintivo de todos os povos na direção da liberdade[32]. E o que é a Liberdade, essa palavra que tem a força de fazer bater todos os co-rações e de agitar o mundo, se não o conjunto de todas as liberdades, liberdade de consciência, de ensino, de associação, de imprensa, de locomoção, de trabalho, de troca; em outros termos, o franco exercício, por todos, de todas as faculdades inofensivas; ainda em outros ter-mos, a destruição de todos os despotismos, inclusive do despotismo legal, e a redução da Lei a sua única atribui-ção racional, que é regularizar o Direito individual de legítima defesa e reprimir a injustiça?

Essa tendência do gênero humano, deve-se convir, é grandemente contrariada, particularmente em nossa

---

[32] Para que um povo seja livre, é indispensável que os indivíduos que o compõem tenham previdência, prudência, e aquela confiança uns nos ou-tros que nasce da segurança.

Ora, ele só pode adquirir essas coisas pela experiência. Ele se torna pre-vidente quando sofreu por não ter feito previsões; prudente, quando sua temeridade foi punida com frequência etc., etc.

Disso decorre que a liberdade sempre começa acompanhada dos males que seguem o uso desconsiderado que se faz dela.

Diante desse espetáculo, levantam-se homens que exigem que a liberdade seja proscrita.

"Que o Estado", dizem eles, "seja previdente e prudente por todos".

Quanto a isso, faço as seguintes perguntas:

1) Isso é possível? É possível que um Estado experiente saia de uma nação inexperiente?

2) Em todo caso, isso não é sufocar a experiência em germe?

Se o poder impõe atos individuais, como o indivíduo será educado pelas consequências de seus atos? Ele será então tutelado para sempre?

E o Estado, tendo ordenado tudo, será responsável por tudo.

Temos aí um vestíbulo de revoluções, e de revoluções sem saída, porque serão feitas por um povo ao qual, ao interditar-se a experiência, foi inter-ditado o progresso. (Pensamento tirado dos manuscritos do autor).

pátria, pela funesta disposição – fruto do ensino clássico – comum a todos os publicistas, de colocar-se fora da humanidade para arranjá-la, organizá-la, e instituí-la segundo suas preferências.

51 – A Tirania filantrópica

Afinal, enquanto a sociedade se agita para realizar a Liberdade, os grandes homens que se colocam à sua frente, imbuídos dos princípios dos séculos XVII e XVIII, não pensam em nada além de vergá-la sob o despotismo filantrópico de suas invenções sociais, e em fazê-la carregar docilmente, segundo a expressão de Rousseau, o jugo da felicidade pública, assim como eles a imaginaram.

Isso ficou bem claro em 1789. Mal o Antigo Regime foi destruído, a sociedade foi logo submetida a outros arranjos artificiais, sempre partindo deste ponto convencionado: a onipotência da Lei.

> SAINT-JUST[33] – O legislador ordena o futuro. Cabe a ele *querer o bem*. Cabe a ele tornar os homens *o que ele quer* que eles sejam.

---

[33] O revolucionário francês Louis Antoine Léon de Saint-Just (1767-1794), apelidado de "arcanjo do Terror", foi um influente parlamentar jacobino na Convenção de 1792, tendo proferido o mais célebre discurso em defesa da execução de Luís XVI (1754-1793), além de ser um dos mais ativos membros do Comitê de Salvação Pública, responsável pelos atos mais radicais e violentos na fase da Revolução Francesa conhecida como Período do Terror. (N. E.)

ROBESPIERRE[34] – A função do governo é dirigir as forças físicas e morais da nação para o objetivo de sua instituição.

BILLAUD-VARENNES[35] – *É preciso* recriar o povo que queremos devolver à liberdade. Como *é preciso* destruir antigos preconceitos, mudar antigos hábitos, aperfeiçoar afetos depravados, restringir as necessidades supérfluas, extirpar vícios inveterados, é preciso, portanto, uma ação forte, um impulso veemente... Cidadãos, a inflexível austeridade de Licurgo tornou-se para Esparta a base inabalável da República; o caráter moderado e confiante de Sólon recolocou fez Atenas mergulhar de novo na escravidão. Esse paralelo contém toda a ciência do governo.

LEPELETIER[36] – Considerando a que ponto a espécie humana degradou-se, estou convencido da necessidade de operar uma regeneração inteira, e, se posso me exprimir assim, de criar um novo povo.

52 – Os socialistas querem a ditadura

Como vemos, os homens não passam de vis materiais. Não é a eles que cabe *querer o bem* – eles são inca-

---

[34] O advogado e revolucionário Maximilien de Robespierre (1758-1794) foi o principal líder dos jacobinos, responsáveis pelo Terror durante a Revolução Francesa. (N. E.)

[35] O revolucionário francês Jean-Nicolas Billaud-Varenne (1756-1819) foi um dos líderes jacobinos, atuando como defensor de políticas radicais e do uso da violência durante o Terror. (N. E.)

[36] O nobre francês Louis-Michel de Lepeletier (1760-1793), Marquês de Saint-Fargeau, participou da fase inicial da Revolução Francesa, defendendo inicialmente as posições reformistas do grupo conservador, mas gradativamente aproximou-se das facções mais radicais, tendo votado a favor da execução do monarca. (N. E.)

pazes disso –; mas ao Legislador, segundo Saint-Just. Os homens são apenas aquilo que *ele* quer que eles sejam.

Seguindo Robespierre, que copia Rousseau literalmente, o Legislador começa por designar o objetivo da instituição da nação. Em seguida, basta que os governos dirijam para esse fim todas as *forças físicas e morais*. A nação mesma permanece passiva nisso tudo, e Billaud-Varennes nos ensina que ela só deve ter os preconceitos, os hábitos, os afetos, e as necessidades que o Legislador autorizar. Ele chega até mesmo a dizer que a austeridade inflexível de um homem é a base da república.

Vimos que, no caso em que o mal é tão grande que os magistrados ordinários não podem remediá-lo, Mably aconselhava a ditadura para fazer florescer a virtude. "*Recorra*", diz ele, "a uma magistratura extraordinária, cujo tempo seja curto, e o poder, considerável. A imaginação dos cidadãos precisa então ser impressionada". Essa doutrina não se perdeu. Ouçamos Robespierre:

> O princípio do governo republicano é a virtude, e seu meio, enquanto ele se estabelece, é o terror. Queremos, em nosso país, que a moral se substitua ao egoísmo, a probidade à honra, os princípios aos costumes, os deveres às boas maneiras, o império da razão à tirania da moda, o desprezo pelo vício ao desprezo pela infelicidade, o orgulho à insolência, a grandeza de alma à vaidade, o amor pela glória ao amor pelo dinheiro, as pessoas boas à boa companhia, o mérito à intriga, o gênio ao espírito agradável, a verdade ao estardalhaço, o encanto da felicidade aos incômodos da volúpia, a grandeza do homem à pequenez dos grandes, um povo magnânimo, poderoso, feliz, a um

povo amável, frívolo, miserável; isto é, todas as virtudes e todos os milagres da República a todos os vícios e todos os ridículos da monarquia.

53 – A arrogância ditatorial

A que altura acima da humanidade Robespierre se coloca! E note a circunstância na qual fala. Não se limita a exprimir o anseio por uma grande renovação do coração humano; nem mesmo espera que ela resulte de um governo regular. Não, quer operá-la ele mesmo pelo terror.

O discurso do qual foi extraída essa pilha pueril e laboriosa de antíteses tinha como objeto apresentar *os princípios de moral que devem dirigir um governo revolucionário.*

Observe que, quando Robespierre vem pedir a ditadura, não é apenas para repelir o estrangeiro e combater as facções; e para fazer prevalecer por meio do terror, e antes da vigência da Constituição, seus próprios princípios de moral. Sua pretensão é nada menos do que extirpar do país, por meio do terror, *o egoísmo, a honra, os costumes, as boas maneiras, a moda, a vaidade, o amor pelo dinheiro, a boa companhia, a intriga, o espírito agradável, a volúpia, e a miséria.*

É só depois que ele, Robespierre, tiver realizado esses *milagres* – é assim que os chama, com razão – que permitirá que as leis retomem seu império. – Ah! Miseráveis, vocês se acham tão grandes, e julgam a humanidade tão pequena, que querem reformar tudo. Reformem-se a si mesmos, essa tarefa lhes basta.

54 – O caminho indireto para o despotismo

No entanto, em geral, os senhores Reformadores, Legisladores, e Publicistas, não pedem para exercer sobre a humanidade um despotismo imediato. Não, eles são moderados demais, filantropos demais para isso. Reclamam apenas o despotismo, o absolutismo, a onipotência da Lei. Aspiram a nada menos do que fazer a Lei.

Para mostrar o quanto essa estranha disposição dos espíritos foi universal, na França, assim como eu precisaria copiar Mably inteiro, Raynal inteiro, Rousseau inteiro, Fénelon inteiro, e longos trechos de Bossuet e de Montesquieu, eu também precisaria reproduzir as atas inteiras da Convenção. Não farei isso, e remeto o leitor a esses textos.

55 – Napoleão queria uma humanidade passiva

É correto pensar que essa ideia agradou a Bonaparte[37]. Ele a abraçou com ardor, e a colocou energicamente em prática. Considerando-se um químico, só via na Europa uma matéria para experiências. Porém, logo essa matéria mostrou-se um poderoso reagente. Quando já tinha praticamente perdido essa ilusão,

---

[37] O militar e político Napoleão Bonaparte (1769-1821), após liderar os exércitos revolucionários franceses, assumiu o poder com o Golpe de 18 de Brumário, em 1799, como um dos três cônsules que governaram a República Francesa até 1804, quando por intermédio de um plebiscito se tornou o imperador dos franceses, dando início ao Primeiro Império, um período marcado tanto pela expansão territorial militar com as chamadas guerras napoleônicas. (N. E.)

A Lei

em Santa Helena, pareceu reconhecer que existe alguma iniciativa nos povos, e mostrou-se menos hostil à liberdade. Isso, porém, não o impediu de dar como testamento a seguinte lição a seu filho: *"Governar é difundir a moralidade, a educação, e o bem-estar"*.

Será necessário agora demonstrar por meio de fastidiosas citações de onde vêm Morelly[38], Babeuf[39], Owen[40], Saint-Simon[41], Fourier[42]? Limitar-me-ei a submeter ao leitor alguns trechos do livro de Louis Blanc[43] sobre a organização do trabalho.

---

[38] O ensaísta e romancista Étienne-Gabriel Morelly (1717-1778) foi o mais importante pensador utópico francês do período, tendo escrito uma obra criticando o pensamento de Montesquieu e dois livros sobre educação, além dos textos literários. (N. E.)

[39] O jornalista francês François-Noël Babeuf (1760-1797), conhecido pelo pseudônimo de Gracchus Babeuf, participou ativamente da Revolução Francesa, sendo considerado um dos precursores do anarquismo, do socialismo e do comunismo. (N. E.)

[40] O empresário têxtil, filantropo e reformista social galês Robert Owen (1771-1858) foi um socialista utópico que se notabilizou principalmente pela defesa do cooperativismo. (N. E.)

[41] O filósofo e economista francês Claude-Henri de Rouvroy (1760-1825), Conde de Saint-Simon, foi um dos mais importantes teóricos do chamado socialismo utópico, tendo defendido uma nova ordem social alicerçada tanto no industrialismo quanto no governo dos cientistas e empreendedores, além de ter influenciado profundamente as teorias de seu secretário particular, o filósofo francês Auguste Comte (1798-1857), fundador do positivismo. (N. E.)

[42] O socialista utópico francês Charles Fourier (1772-1837) foi um grande defensor do cooperativismo, além de ser um crítico ferrenho da Ciência Econômica, do sistema capitalista, do pensamento liberal, da industrialização, da civilização urbana, da monogamia e da família estruturada no matrimônio. (N. E.)

[43] O advogado, jornalista, ensaísta e político hispano-francês Louis Blanc (1811-1882) foi um socialista utópico, considerado um dos precursores da socialdemocracia. No livro *Organisation du travail*, lançado em 1839,

Em nosso projeto, a sociedade recebe o impulso do poder.

Em que consiste o impulso que o Poder dá à sociedade? Em impor o *projeto* do sr. L. Blanc.

Por outro lado, a sociedade é a espécie humana.

Assim, definitivamente, a espécie humana recebe o impulso do sr. L. Blanc.

Cabe à espécie decidir, dirão. Sem dúvida a espécie humana tem a liberdade de seguir os *conselhos* de quem quer que seja. Porém, não é assim que o sr. L. Blanc entende as coisas. Ele pretende que seu projeto seja convertido em *Lei*, e por conseguinte imposto pelo poder por meio da força.

Em nosso projeto, o Estado apenas dá ao trabalho uma legislação (*desculpem que seja tão pouco*), em virtude da qual o movimento industrial pode e deve realizar-se em plena liberdade. Ele (o Estado) apenas coloca a liberdade sobre um declive[44] (*só isso*), a qual ela desce, uma vez que esteja ali colocada, apenas pela força das coisas e por uma sequência natural do *mecanismo estabelecido*.

Mas o que é esse declive? – É aquele indicado pelo sr. L. Blanc. – Ele não leva ao abismo? – Não, leva à felicidade. – Como, então, a sociedade não se coloca

---

lançou as bases da noção de direitos trabalhistas garantidos pela intervenção estatal, além de defender a igualdade salarial e a necessidade da união dos trabalhadores em sindicatos ou cooperativas em favor do bem-comum. Teve uma grande atuação na Revolução de 1848 e assumiu uma cadeira no Parlamento durante o governo provisório, quando tentou implementar suas teorias. (N. E.)

[44] É possível que Bastiat de certa forma retome a ideia ao falar que os indivíduos devem ter liberdade de seguir suas inclinações, porque a palavra *pente* serve tanto para "declive" quanto para "inclinação". (N. T.)

sozinha nele? – Porque não sabe o que quer, e precisa de *impulso*. – Quem lhe dará esse impulso? – O poder. – E quem dará impulso ao mecanismo? – O inventor do mecanismo, o sr. L. Blanc.

56 – O círculo vicioso do socialismo

Nunca saímos desse círculo: a humanidade passiva e um grande homem que a move pela intervenção da Lei.

Uma vez nesse declive, a sociedade ao menos gozará de alguma liberdade? – Sem dúvida. – E o que é a liberdade?

Digamos de uma vez por todas: a liberdade consiste não apenas no DIREITO concedido, mas também no PODER dado ao homem de exercitar, de desenvolver suas faculdades, sob o império da justiça e sob a proteção da lei.

E essa distinção nada tem de vã: seu sentido é profundo, suas consequências são imensas. Afinal, uma vez que se admita que o homem precisa, para ser verdadeiramente livre, do PODER de exercer e de desenvolver suas faculdades, disso resulta que a sociedade deve a cada um de seus membros a educação que convém, sem a qual o espírito humano não *pode* desenvolver-se, e os instrumentos de trabalho sem os quais a atividade humana não *pode* acontecer. Ora, pela intervenção de quem a sociedade dará a cada um de seus membros a educação que convém e os instrumentos de trabalho necessários, se não pela intervenção do Estado?

Assim, a liberdade é o poder. Em que consiste esse PODER? – Em ter a educação e os instrumentos de trabalho. – Quem *dará* a educação e os instrumentos de trabalho? – A sociedade, *que os deve*. – Pela intervenção de quem a sociedade dará esses instrumentos de trabalho àqueles que não os têm? – Pela *intervenção do Estado*. – De quem o Estado os tomará?

Cabe ao leitor dar a resposta e ver aonde tudo isso leva.

57 – A doutrina dos democratas

Um dos fenômenos mais estranhos de nosso tempo, e que provavelmente surpreenderá muito nossos sobrinhos, é que a doutrina baseada nessa tripla hipótese – a inércia radical da humanidade; a onipotência da Lei; a infalibilidade do Legislador – seja o símbolo sagrado do partido que se proclama exclusivamente democrático.

É verdade que, também, se diz *social*.

Na condição de democrático, tem uma fé sem limites na humanidade.

Por se dizer *social*, considera a humanidade como lama.

Trata-se de direitos políticos, trata-se de tirar de seu seio o Legislador, ah!, pois, segundo ele, o povo tem a ciência infusa; é dotado de um tato admirável; *sua vontade é sempre reta, a vontade geral não pode errar*. Não existe sufrágio *universal* demais. Ninguém deve garantia nenhuma à sociedade. A vontade e a capacidade de bem dispor são sempre pressupostas. Pode o povo enganar-se? Não estamos no século das luzes? Ora, então! O povo ficará eternamente sob tutela? Ele não conquistou seus direitos com muitos esforços e sacrifícios? Não deu provas suficientes de sua inteligência e de sua sabedoria? Não chegou à maturidade? Não é capaz de julgar por si mesmo? Não conhece seus interesses? Existe um homem ou uma classe que ouse reivindicar o direito de tomar o lugar do povo, de decidir e de agir por ele? Não, não, o povo quer ser *livre*, e será. Ele quer dirigir seus próprios negócios, e os dirigirá.

Porém, assim que a eleição afasta o Legislador dos comícios, ah!, aí a linguagem muda. A nação volta à passividade, à inércia, ao nada, e o Legislador toma posse da onipotência. A ele cabem a invenção, a direção, o impulso, a organização. A humanidade só precisa se deixar guiar; a hora do despotismo já soou. E observe que isso é fatal: esse povo, enfim, ainda há pouco tão esclarecido, tão moral, tão perfeito, não tem mais nenhuma tendência, ou, caso tenha, elas o levam todas para a degradação.

58 – O conceito socialista de liberdade

E lhe deixaremos um pouco de Liberdade!? Mas você não sabe que, segundo o sr. Considérant[45], *a liberdade conduz fatalmente ao monopólio*? Não sabe que a liberdade é a concorrência? E que a concorrência, seguindo o sr. L. Blanc, é *para o povo um sistema de extermínio, para a burguesia uma causa de ruína*? Que é por isso que os povos ficam tão mais extermi-

---

[45] O filósofo e economista francês Victor Considérant (1808-1893) foi um dos mais importantes discípulos de Charles Fourier, tendo em seus escritos socialistas antecipado muitas teses defendidas tanto por Karl Marx (1818-1883) e Friedrich Engels (1820-1895) no *Manifesto do Partido Comunista* quanto pelas feministas. (N. E.)

nados e arruinados quanto mais são livres, como testemunham a Suíça, a Holanda, a Inglaterra, e os Estados Unidos? Não sabe que, ainda segundo o sr. L. Blanc, *a concorrência leva ao monopólio*, e que, *pelo mesmo motivo, o preço barato leva ao preço exagerado?* Que *a concorrência tende a secar as fontes do consumo e obriga a produção a uma atividade voraz?* Que *a concorrência força a produção a crescer e o consumo a decrescer;* do que se segue que os povos livres produzem para não consumir; *que ela é ao mesmíssimo tempo opressão e demência,* e que é absolutamente necessário que o sr. L. Blanc se intrometa?

59 – Os socialistas temem todas as liberdades

Que liberdade, aliás, se poderia deixar aos homens? Seria a liberdade de consciência? Mas veremos eles se aproveitarem dessa permissão para se tornarem ateus. A liberdade de ensino? Mas os pais rapidamente pagarão professores para ensinar aos filhos a imoralidade e o erro; aliás, se formos acreditar no sr. Thiers[46], se o ensino fosse deixado à liberdade nacional, ele deixaria de ser nacional, e criaríamos nossos filhos segundo as ideias dos turcos ou dos hindus, ao passo que, graças ao despotismo legal da universidade, eles têm a felici-

---

[46] O jornalista, historiador e estadista francês Adolphe Thiers (1797-1877), autor da famosa obra *Histoire de la Révolution française*, publicada em dez volumes, entre 1823 e 1827, dentre outras funções no governo francês, ocupou os cargos de primeiro ministro em 1836 e em 1840, durante o reinado de Luís Filipe (1773-1850), e o de presidente da República entre 1871 e 1873. Atuou na vida pública como um ferrenho opositor dos socialistas. (N. E.)

dade de ser criados nas nobres ideias dos romanos. A liberdade do trabalho? Mas isso é a concorrência, cujo efeito é deixar todos os produtos sem ser consumidos, de exterminar o povo, e arruinar a burguesia. A liberdade de comércio? Mas bem sabemos, os protecionistas já demonstraram fartamente, que um homem se arruína quando comercia livremente, e que, para enriquecer, é preciso comerciar sem liberdade. A liberdade de associação? Mas, segundo a doutrina socialista, liberdade e associação se excluem, pois, precisamente, só se aspira a subtrair dos homens sua liberdade para forçá-los a se associar.

Assim você enxerga que os democratas-socialistas não podem, em boa consciência, deixar aos homens liberdade nenhuma, pois, por sua própria natureza, e caso esses senhores não ponham ordem, eles tendem, em toda parte, a todo tipo de degradação e de desmoralização.

Resta adivinhar, nesse caso, sobre qual fundamento reclamamos para ele, com tanta urgência, o sufrágio universal.

60 – A ideia do super-homem

As pretensões dos organizadores levantam outra questão, que abordei com frequência, e que, até onde sei, eles nunca responderam. Se as tendências naturais da humanidade são más o bastante para que se deva tirar sua liberdade, como é que as tendências dos organizadores são boas? Os Legisladores e seus agentes não fazem parte do gênero humano? Eles se acham feitos de um barro diferente do resto dos homens? Eles dizem que a sociedade, abandonada a si própria, corre fatalmente para o abismo porque seus instintos são perversos. Eles pretendem detê-la nesse declive e dar-lhe uma direção melhor. Eles, portanto, receberam do céu inteligência e virtudes que os colocam fora e acima da humanidade; que mostrem seus títulos. Eles querem ser *pastores*, querem que sejamos *rebanho*. Esse arranjo pressupõe neles uma superioridade de natureza, e temos perfeitamente o direito de exigir uma prova prévia disso.

61 – Os socialistas rejeitam a eleição livre

Observe que aquilo que contesto neles não é o direito de inventar combinações sociais, de divulgá-las, de aconselhá-las, de experimentá-las neles mesmos, por sua conta e risco; mas sim o direito de impô-las a nós, pelo intermediário da Lei, isto é, das forças e das contribuições públicas.

Peço que os cabetistas[47], os fourieristas[48], os proudhonianos[49], os universitários e os protecionistas re-

---

[47] O cabetismo foi uma das vertentes do chamado socialismo utópico elaborada por Étienne Cabet (1788-1856), um adepto das ideias tanto dos comunistas agrários europeus entre os séculos XVI e XVIII quanto do já mencionado Graccus Babeuf, tendo sido influenciado, também, por Robert Owen. (N. E.)

[48] Referência à filosofia de Charles Fourier. (N. T.)

[49] Grupo de socialistas utópicos seguidores das ideias do filósofo, economista e político francês Pierre-Joseph Proudhon (1809-1865), um dos mais influentes teóricos do anarquismo e o mais proeminente autor socialista antes da popularização do *Manifesto do Partido Comunista* (1848). Dentre os seus inúmeros escritos o mais popular é o livro *O que é a Proprie-*

nunciem não a suas ideias peculiares, mas à ideia que lhes é comum: submeter-nos pela força a seus grupos e séries[50], a seus *ateliers sociaux*[51], a seu crédito gratuito, à sua moralidade greco-romana, a seus entraves comerciais. Aquilo que lhes peço é que nos deixem a faculdade de julgar seus planos e de não nos associar a eles, direta ou indiretamente, se acharmos que contrariam nossos interesses, ou se são repugnantes à nossa consciência.

Afinal, a pretensão de gerar a interferência do poder e do imposto, além de ser opressiva e espoliadora, implica ainda outra hipótese prejudicial: a infalibilidade do organizador e a incompetência da humanidade.

E se a humanidade é incompetente para julgar por si própria, ainda nos vêm falar em sufrágio universal?

62 – Causas da revolução na França

Essa contradição nas ideias infelizmente reproduziu-se nos fatos, e, ainda que o povo francês tenha ultrapassado todos os outros na conquista de seus direitos, ou melhor, de suas garantias políticas, mesmo assim permaneceu o mais governado, dirigido, administrado, imposto, entravado, e explorado de todos os povos.

---

dade? Pesquisa sobre o Princípio do Direito e do Governo (1840). Foi um defensor do cooperativismo, da sociedade sem autoridade e da autogestão, tendo proposto um novo sistema econômico denominado Mutualismo, no qual os volumes iguais de trabalho deveriam receber a mesma remuneração, independentemente, da atividade desenvolvida. (N. T.)

[50] Referência à filosofia defendida pelos fourieristas. (N. E.)

[51] Espécie de cooperativa proposta por Louis Blanc. (N. T.)

É também aquele em que, dentre todos os povos, as revoluções são as mais iminentes, e deve ser assim.

Desde que se parte desta ideia, admitida por todos os nossos publicistas e tão energicamente expressa pelo sr. L. Blanc nas seguintes palavras: "A sociedade recebe o impulso do poder"; desde que os homens consideram eles mesmos sensíveis mas passivos, incapazes de erguer-se por seu próprio discernimento e por sua própria energia a alguma moralidade, a algum bem-estar, e reduzidos a esperar tudo da Lei; numa palavra, quando eles admitem que suas relações com o Estado são as do rebanho com o pastor.

63 – O imenso poder do governo

Está claro que a responsabilidade do poder é imensa. Os bens e os males, as virtudes e os vícios, a igualdade e a desigualdade, a opulência e a miséria, tudo decorre dele. Ele está encarregado de tudo, empreende tudo, faz tudo; portanto, responde por tudo. Se somos felizes, exige com razão nosso reconhecimento; porém, se somos miseráveis, só podemos atribuir a culpa a ele. Não dispõe, em princípio, de nossas culpas e de nossos bens? A Lei não é onipotente?

Ao criar o monopólio universitário, se julga capaz de responder as esperanças dos pais de família privados de liberdade; e se essas esperanças forem frustradas, de quem é a culpa?

Ao regulamentar a indústria, se julga capaz de fazê-la prosperar, do contrário, teria sido absurdo tirar-lhe a liberdade; e, se ela sofrer, de quem é a culpa?

Ao intrometer-se no equilíbrio da balança comercial, pelo uso de tarifas, se julga capaz de fazer o comércio florescer; e se, longe de florescer, murcha, de quem é a culpa? Ao conceder aos armadores marítimos sua proteção em troca da liberdade destes, se julga capaz de torná-los lucrativos; se dão prejuízo, de quem é a culpa?

Assim, não existe uma só dor na nação pela qual o governo não tenha voluntariamente se tornado responsável. É de admirar que cada sofrimento seja causa para uma revolução?

E qual remédio é proposto? É ampliar indefinidamente o domínio da Lei, isto é, a Responsabilidade do governo.

Porém, se o governo se encarrega de aumentar e de regulamentar os salários e não consegue fazer isso; se ele se encarrega de compensar todos os infortúnios e não consegue; se ele se encarrega de garantir todas as aposentadorias a todos os trabalhadores e não consegue; se ele se encarrega a abrir para todos os famintos por empréstimos um crédito gratuito e não consegue; se, segundo as palavras que lamentavelmente vimos sair da pena do sr. de Lamartine, "o Estado dá a si mesmo a missão de esclarecer, de desenvolver, de engrandecer, de fortificar, de espiritualizar, e de santificar a alma dos povos", e fracassa; não se vê que, ao fim de cada decepção, ai!, mais do que provável, uma não menos inevitável revolução?

* * *

64 – Política e Economia

Retomo minha tese e digo: imediatamente após a ciência econômica, e na entrada da ciência política[52], apresenta-se uma questão dominante. É a seguinte: O que é a Lei? O que ela deve ser? Qual seu domínio? Quais seus limites? Onde terminam, por conseguinte, as atribuições do Legislador?

Não hesito em responder: *A Lei é a força comum organizada para fazer obstáculo à Injustiça* – e, para resumir, A LEI É A JUSTIÇA.

65 – A legítima função da legislação

Não é verdade que o Legislador tenha sobre nossas pessoas e nossas propriedades um poder absoluto, pois elas preexistem a ele, e seu trabalho é cercá-las de garantias.

Não é verdade que a Lei tenha por missão governar nossas consciências, nossas vontades, nossa educação, nossos sentimentos, nossos trabalhos, nossas trocas, nossos presentes, nossos gozos.

Sua missão é impedir que em nenhum desses domínios um venha a usurpar o direito de outro.

* * *

A Lei, como tem por sanção necessária a Força, só pode ter como domínio legítimo o legítimo domínio da força, a saber: a Justiça.

---

[52] A economia política precede a política; aquela diz se os interesses humanos são naturalmente harmônicos ou antagônicos, o que é algo que esta deveria saber antes de fixar as atribuições do governo.

E como cada indivíduo só tem o direito de recorrer à força em caso de legítima defesa, a força coletiva, que é apenas a reunião das forças individuais, não poderia ser racionalmente aplicada a outro fim.

A Lei é, portanto, unicamente a organização do direito individual preexistente de legítima defesa.

* * *

A Lei é a Justiça.

66 – Lei e caridade não são a mesma coisa

É tão falso que ela possa oprimir as pessoas ou espoliar as propriedades, mesmo com intuito filantrópico, quanto sua missão é protegê-las.

E que não se diga que ela pode ao menos ser filantrópica, desde que se abstenha de toda opressão, de toda espoliação; isso é contraditório. A Lei não pode não agir sobre nossas pessoas ou nossos bens; se ela não os garante, ela os viola apenas por agir, apenas por ser.

* * *

A Lei é a Justiça.

Eis algo claro, simples, perfeitamente definido e delimitado, acessível a toda inteligência, visível a todo olho, pois a Justiça é uma quantidade determinada, imutável, inalterável, que não admite nem *mais* nem *menos*.

Saia-se disso, torne-se a Lei religiosa, fraternitária, igualitária, filantrópica, industrial, literária, artística, e imediatamente se está no infinito, no incerto, no desconhecido, na utopia imposta, ou, pior ainda, na multidão das utopias lutando para tomar a Lei e impor-se; pois a fraternidade, a filantropia não têm, como a justiça, limites fixos. Onde parar? Onde para a Lei?

67 – Caminho direto para o comunismo

Um, como o sr. de Saint-Cricq[53], só estenderá sua filosofia a algumas classes industriais, e pedirá à Lei que ela *disponha dos consumidores em favor dos produtores*. Outro, como o sr. Considérant, assumirá a causa dos trabalhadores e reclamará da Lei que eles recebam um MÍNIMO *garantido, vestes, moradia, alimentação, e tudo o que é necessário para a manutenção da vida*.

Um terceiro, o sr. L. Blanc, dirá, com razão, que isso é só um esboço de fraternidade, e que a Lei deve dar, a todos, os instrumentos de trabalho e a educação. Um quarto observará que esse arranjo ainda dá espaço para a desigualdade, e que a Lei deve fazer penetrar, nos lugares mais recônditos, o luxo, a literatura, e as artes. Assim você será levado até o *comunismo*, ou melhor, a legislação será... aquilo que já é: o campo de batalha de todo devaneio e de toda cupidez.

* * *

---

[53] O administrador aduaneiro e político francês Pierre de Saint-Cricq (1772-1854) foi o ministro do Comércio e das Manufaturas entre 1828 e 1829, durante o reinado de Carlos X (1757-1836), além de ter sido membro do Parlamento de 1815 até 1820 e de 1824 até 1833, ocupando posteriormente o cargo de diretor geral da Alfândega, no qual a atuação se caracterizou pela defesa de protecionismo econômico. Por ser um defensor do regime monárquico, retirou-se da vida pública após a Revolução de 1848. (N. E.)

68 – A base para um governo estável

A Lei é a Justiça.

Dentro desse círculo é possível conceber um governo simples, inabalável.

E desafio a que alguém me diga de onde poderia vir a ideia de uma revolução, de uma insurreição, de um simples tumulto contra uma força pública limitada a reprimir a injustiça.

Sob esse regime, haveria mais bem-estar, o bem--estar seria compartilhado mais igualmente, e, quanto aos sofrimentos inseparáveis da humanidade, ninguém cogitaria acusar o governo por causa deles, pois este seria tão alheio a eles quanto às variações da temperatura.

Alguém já viu o povo insurgir-se contra o supremo tribunal de justiça, ou irromper no tribunal do juiz de paz para exigir o salário mínimo, o crédito gratuito, os instrumentos de trabalho, os favores das tarifas, ou o *atelier social*? Ele bem sabe que essas combinações estão fora do alcance do juiz, e igualmente descobriria que estão fora do alcance da Lei.

Porém, faça-se a Lei sobre o princípio fraternitá-rio, proclame-se que é dela que decorrem bens e males, que ela é responsável por toda dor individual, por toda desigualdade social, e abrem-se as portas para uma série sem fim de queixas, de ódios, de perturbações, e de revoluções.

* * *

69 – Justiça significa igualdade de direitos

A Lei é a Justiça.

E seria muito estranho se ela pudesse ser equitativamente outra coisa! A justiça não é o direito? Os direitos não são iguais? Como então a Lei interviria para me submeter aos planos sociais dos srs. Mimerel, de Melun[54], Thiers, Louis Blanc, e não para submeter esses senhores aos meus planos? Alguém acha que eu também não recebi da natureza imaginação suficiente para também inventar uma utopia? Será o papel da Lei escolher entre tantas quimeras e colocar a força pública a serviço de alguma delas?

* * *

A Lei é a Justiça.

E que ninguém diga, como se diz o tempo inteiro, que a Lei concebida assim, ateia, individualista, e sem coração, faria a humanidade à sua imagem. Eis aí uma dedução absurda, digna desse entusiasmo governamental que enxerga a humanidade dentro da Lei.

Ora! Se seremos livres, segue-se que deixaremos de agir? Se não recebermos o impulso da Lei, segue-se que seremos desprovidos de impulso? Se a Lei se limitar a nos garantir o livre exercício de nossas faculdades, segue-se que nossas faculdades serão tomadas pela inér-

---

[54] O político francês Armand de Melun (1807-1877) foi um dos precursores do moderno pensamento social cristão, tendo buscado uma terceira via entre o capitalismo e o socialismo, se opondo aos dois sistemas econômicos com a proposta inicial de criar instrumentos para que a chamada questão social fosse resolvida por intermédio de uma tutela e patrocínio da classe operária pelas classes elevadas, adotando posteriormente uma visão corporativista. (N. E.)

cia? Se a lei não nos impor formas de religião, modos de associação, métodos de ensino, procedimentos de trabalho, normas de troca, planos de caridade, segue--se que nos apressaremos a mergulhar no ateísmo, no isolamento, na ignorância, na miséria, e no egoísmo? Segue-se que não saberemos mais reconhecer a força e a bondade de Deus, nos associarmos, nos ajudarmos mutuamente, amar e socorrer os irmãos no infortúnio, estudar os segredos da natureza, aspirar aos aprimoramentos do nosso ser?

* * *

70 – O caminho para a dignidade e o progresso

A Lei é a Justiça.

E é sob a Lei de justiça, sob o regime do direito, sob a influência da liberdade, da segurança, da estabilidade, da responsabilidade, que cada homem chegará a seu pleno valor, à plena dignidade do seu ser, e que a humanidade realizará com ordem, com calma, lentamente, sem dúvida, mas com certeza, o progresso que é seu destino.

Parece-me que a teoria está do meu lado; pois, qualquer questão que eu submeta ao raciocínio, seja ela religiosa, filosófica, política, econômica; quer se trate de bem-estar, de moralidade, de igualdade, de direito, de justiça, de progresso, de responsabilidade, de solidariedade, de propriedade, de trabalho, de comércio, de capital, de salários, de impostos, de população, de crédito, de governo; em qualquer ponto do horizonte científico em que eu coloque o ponto de partida de minhas investigações, sempre e invariavelmente chego a isto: a solução do problema social está na Liberdade.

71 – Ideia posta em prova

E não tenho a meu lado também a experiência? Lancem os olhos para o globo. Quais são os povos mais felizes, os mais morais, os mais pacíficos? Aqueles em que a Lei menos intervém na atividade privada; em que o governo menos se faz sentir; em que a individualidade tem o máximo de força, e a opinião pública o máximo de influência; em que as engrenagens administrativas são menos numerosas e menos complicadas; os impostos menos pesados e menos desiguais; os descontentamentos populares menos intensos e menos justificáveis; em que a responsabilidade dos indivíduos e das classes é a mais operante, e em que, por conseguinte, se os costumes não são perfeitos, tendem invencivelmente a corrigir-se; em que as transações, as convenções, as associações são menos entravadas; onde o trabalho, os capitais, a população, sofrem menos deslocamentos artificiais; em que a humanidade mais obedece sua própria inclinação; em que o pensamento de Deus mais prevalece sobre as invenções dos homens; aqueles, numa palavra, que mais se aproximam desta solução: dentro dos limites do direito, tudo pela espontaneidade livre e perfectível do homem; nada pela Lei ou pela força que não seja a Justiça universal.

72 – A paixão do mando

É preciso dizer: há no mundo um excesso de grandes homens demais no mundo; há um excesso de legisladores, de organizadores, de instituidores de sociedades, de guias dos povos, de pais de nações etc. Gente demais se coloca acima da humanidade para governá--la, gente demais se ocupa de se ocupar dela.

Dir-me-ão: você que está falando faz exatamente isso. É verdade. Mas convir-se-á que é num sentido e desde um ponto de vista muito diferente, e se me misturo aos reformadores, é unicamente para fazê-los deixar a humanidade em paz.

Eu me ocupo dela não como Vaucanson[55] de seu autômato, mas como um fisiologista do organismo humano: para estudá-lo e admirá-lo.

Eu me ocupo dela com o mesmo espírito que animava um célebre viajante.

Ele chegou a uma tribo selvagem. Uma criança tinha acabado de nascer e uma multidão de adivinhos, de feiticeiros, de curandeiros o cercavam, armados de anéis, de agulhas, e de correntes. Um dizia: essa criança jamais sentirá o cheiro de um cachimbo, se eu não alongar suas narinas. Outro: será privado do sentido da audição, se eu não fizer suas orelhas descerem até os ombros. Um terceiro: não verá a luz do sol, se eu não der a seus olhos uma direção oblíqua. Um quarto: ele nunca ficará de pé, se eu não curvar suas pernas.

---

[55] O inventor e artista francês Jacques de Vaucanson (1709-1782) se notabilizou em sua época pela criação de vários autômatos. (N. E.)

Um quinto: ele não vai pensar, se eu não comprimir seu cérebro. Para trás, diz o viajante. Deus faz bem aquilo que faz; não pretendam saber mais do que Ele, e, como ele deu órgãos a essa frágil criatura, deixem esses órgãos desenvolver-se, fortificar-se pelo exercício, pela tentativa, pela experiência, e pela Liberdade.

73 – Deixem-nos agora experimentar a liberdade

Deus também colocou na humanidade tudo aquilo que é necessária para que ela realize seus destinos. Existe uma fisiologia social providencial, assim como há uma fisiologia humana providencial. Os órgãos sociais são também constituídos de maneira a se desenvolver harmonicamente, sob o céu aberto da Liberdade. Afastem-se, portanto, curandeiros e organizadores! Afastem seus anéis, suas correntes, suas agulhas, suas tenazes! Afastem seus meios artificiais! Afastem seu *atelier social*, seu falanstério, seu governamentalismo, sua centralização, suas tarifas, suas universidades, suas religiões de Estado, seus bancos gratuitos ou seus bancos monopolizados, suas compressões, suas restrições, sua moralização, e sua legalização por meio do imposto!

E, como foram infligidos em vão tantos sistemas ao corpo social, que se termine por onde se deveria ter começado, que rejeitemos os sistemas, que enfim a Liberdade seja posta em prova – a Liberdade, que é um ato de fé em Deus e em sua obra.

Índice Remissivo e Onomástico

A

Ação humana, 26, 30, 32, 42, 61, 83, 96-97
Agricultura, 60, 74, 82, 85
Ajuda pública, 20
Álvares de Azevedo, Manuel Antônio (1831-1852), 61
Analogia a sociedade, 14, 28, 37-38, 68, 70-71
Antiguidade, 75, 88
Assembleia constituinte, 71

B

Babeuf, François-Noël Babeuf (1760-1797), chamado de Gracchus, 95
Bastiat, Frédéric (1801-1850), 9-10, 13-15, 17-38, 96
Bem-estar, 35, 46, 52, 61, 66, 71, 88, 95, 104, 109, 111
Billaud-Varennes, Jean Nicolas (1756-1819), 91-92
Blanc, Louis (1811-1882), 67, 95-97, 99-100, 103-04, 108, 110

Bonaparte, Luís Napoleão (1808-1873), 61
Bonaparte, Napoleão (1769-1821), 94
Bossuet, Jacques-Bénigne (1627-1704), 73-74, 94

C

Cabet, Étienne (1788-1856), 102
Cabetistas, 102
Capital, 111
Caridade, 36, 60, 66, 107, 111
Carlier, Jean-Baptiste (1799-1858), 56
Carlos X (1757-1836), Rei de França, 108
Carrão, João da Silva Carrão (1810-1888), o Conselheiro, 9
Cartago, 82
Castro Alves, Antônio Frederico de (1847-1871), 61
Comunismo, 23-24, 36, 63, 95, 108
Condillac, Étienne Bonnot de (1714-1780), 87

Índice Remissivo e Onomástico

Conformidade forçada, 30, 36

Consequências de políticas, 45, 48, 55, 97

Considérant, Victor (1808-1893), 99, 108

Convencionalismo, 72, 88, 90

Creta, 77

D

Declaração de Independência dos Estados Unidos, 20-21, 33, 37, 84

Democracia, 31, 34, 36, 78

Democratas, 31, 81, 98, 101

Diodoro Sículo (90-30 a.C.), 74

Direito de defesa, 27, 42-43, 45, 52, 89, 107

Direitos individuais, 27, 34, 37

Direitos naturais, 21, 33

Disposição funesta, 46-47

Distribuição, 84

Ditadura, 15, 36, 86, 91-93

Doutrina, 36, 58, 61, 92, 98, 101

Drácon (650-600 a.C.), 13

Dupin, François Pierre Charles Dupin (1784-1873), barão, 56

E

Economics in One Lesson [*Economia numa Única Lição*], de Henry Hazlitt, 38

Educação, 29, 34, 36, 58, 61, 67-71, 75-77, 84, 86, 95, 97, 106, 108

Educação clássica, 71, 86

Educação controlada, 14, 23-24

Educação, objeto da, 82, 93

Egito, 73-74, 76, 88

Egoísmo, 45, 62, 92-93, 111

Eleições, 31, 79

Emprego, 34

Engels, Friedrich (1820-1895), 99

Engenharia social, 22, 36, 67, 70, 109, 114

Escola Austríaca de Economia, 38

Escravidão, 22, 37, 46-47, 49-50, 55, 79, 88, 91

Esparta, 79, 82, 87, 91

Espoliação, 20, 28-30, 32, 34-35, 45-50, 53-60, 62-64, 66-68, 107

Estabilidade do governo, 14, 60, 79, 111

Estados Unidos, 20-21, 24, 26, 32, 37, 55, 84, 100

Estudos clássicos, 72

F

Felicidade imposta, 108
Fénelon, François de Salignac de la Mothe (1651-1715), 75-76, 94
Foundation for Economic Education (FEE), 10-11, 32
Força coletiva, 43, 45, 107
Força individual, 43
Força, uso da, 15, 61-62, 65, 72, 78, 107
Fourier, Jean-Baptiste Joseph (1772-1837), 95
Fourieristas, 102-03
França, 26, 51, 54, 56, 63, 94, 100, 103
Fraternidade, 61-62, 68, 108
Fraternidade imposta legalmente, 61-62
Fraude, 46
Função do governo, 30, 106

G

Governo, 20-24, 30, 33, 36-37, 44-45, 49, 56-57, 67-68, 73-74, 86, 91, 93, 95, 104-06, 109, 111-12
Governo democrático, 33, 37, 57, 92, 111
Grécia, 13, 78-79, 88

H

Hamurabi, 13

Harmonies économiques [*Harmonias Econômicas*], de Frédéric Bastiat, 38
Hart, H. L. A. [Herbert Lionel Adolphus] (1907-1992), 14
Hazlitt, Henry (1894-1993), 38
Homero, 75
Humanidade, 22-23, 31, 45, 69-72, 75, 81, 84, 86-88, 90, 93-94, 97-99, 101-03, 109-14

I

Igualdade de riqueza, 33, 66, 87, 96, 104
Individualismo, 68, 110
Inácio de Loyola (1491-1556), Santo, 80
Inércia, 98-99
Influência, 13, 15, 35, 45, 63, 69, 71, 86, 111-12
Instituto Liberal (IL), 9
Instituto Mises Brasil (IMB), 9

J

Jornal dos Economistas, 9
Justiça, 13-15, 27-29, 43, 45, 48, 49-50, 59-62, 64, 66, 68, 75-76, 79, 97, 106-12
Justiça e injustiça, distinção entre, 27, 34, 48, 55

Índice Remissivo e Onomástico

K

Kelsen, Hans (1881-1973), 15

L

Lamartine, Alphonse Marie Louis de Prat de (1790-1869), 61, 105
Legey, Ronaldo da Silva, 9
Legislação, 21, 26, 28, 33-34, 42, 50, 57, 59, 82, 84, 86-87, 106, 108
Legislador, 22, 28. 30-31, 47, 54, 60, 62, 65, 70-72, 75, 79, 81-85, 87-88, 90, 92, 94, 98-99, 101, 106, 113
Lei, 13-15, 17, 20-22, 26-30, 33-34, 41-43, 45-50, 52-57, 59-62, 64-70, 72-75, 77-78, 82, 84, 86-90, 93-94, 96-98, 102, 104-12
Leis de Manu, 13
Lei judaica, 13
Lei hitita, 13
Lei egípcia, 13
Lipit-Ishtar, 13
Liberdade, 19-21, 23-27, 29, 31-34, 36-37, 42-43, 45, 47, 49-50, 52, 55, 61-62, 54-64, 67, 79, 81-82, 89-91, 95-97, 99-01, 104-05, 111-12, 114
Licurgo (700-630 a.C.), 13, 79, 83, 87, 91
Luís Filipe (1773-1850), Rei dos Franceses, 100
Luís XIV (1638-1715), Rei de França, 75

M

Mably, Abbé Gabriel Bonnot de (1709-1785), 86, 92, 94
Marx, Karl (1818-1883), 99
Melun, Armand de (1807-1877), 110
Mendigos, 53
Mentor, personagem da *Odisseia*, 76
Mimerel de Roubaix, Pierre Auguste Remi (1786-1871), 54, 110
Minos, 77
Molière, Jean-Baptiste Poquelin (1622-1673), chamado de, 80
Monopólio, 46, 49-50, 99-100, 104
Monopólio sobre a Legislação, 104
Montalembert, Charles Forbes René (1810-1870), Conde de, 56-57, 59
Montesquieu, Charles Louis de Secondat (1689-1775), Barão de la Brède e de, 78, 80-81, 94-95
Moralidade, 28, 49, 61, 63, 67, 72, 88, 95, 103-04, 111
Morelly, Étienne-Gabriel (1717-1778), 95
Motivação da sociedade, 29

N

Natureza humana, 26, 47, 83, 101
Nogueira, José Luiz de Almeida (1851-1914), 9

O

Ordem, 21, 30, 38, 44, 55, 60, 66, 88, 95, 101, 111
Owen, Robert (1771-1858), 95, 102

P

Parábola do viajante, 113
Paraguai, 80
Penn, William (1644-1718), 79
Pérsia, 88
Personalidade, 21, 26, 33, 42, 47, 64-65
Platão (427-347 a.C.), 80
Poder, 14, 72, 75, 89, 92, 94, 96-97, 103-04, 106
Poder do governo, 104
Poder, propósito do, 27
Política, 13, 15, 29, 34-35, 38, 44, 50, 52, 54, 65, 68, 72, 75, 77, 91, 103, 108, 111
Power and Market [*Governo e Mercado*], de Murray N. Rothbard, 38
Propriedade, 21-22, 26-27, 29, 33, 37, 42-43, 45-47, 50-52, 54-55, 62, 64-65, 6, 81, 84, 86, 106-07, 111

Protecionismo, 54, 63, 108
Proudhon, Pierre-Joseph (1809-1865), 102
Proudhonianos, 102

R

Raça humana, 88, 93
Raynal, Abade Guillaume Thomas François (1713-1796), 84, 94
Religião de Estado, 111
República, 55, 78, 80, 87, 91, 94, 100
Respeito, 14, 24-25, 28, 37, 49-50, 74, 79-80
Revolução Francesa, 13-14, 90-91, 95
Revoluções, 13-14, 47, 56, 61, 86, 89, 91, 95-96, 103-05, 108-09
Riqueza, 35-36, 53, 62, 66, 69, 72-73, 82, 87
Roberspierre, Maximilien François Marie Isidore de (1758-1794), 30, 91-93
Rodes, 82
Roma, 14, 82, 88
Rothbard, Murray N. (1926-1995), 38
Rousseau, Jean-Jacques (1712-1778), 30, 50, 81-83, 90, 92, 94
Russell, Dean, 10, 17

S

Saint-Cricq, Pierre Laurent Barthélemy François Charles (1772-1854), Conde de, 108

Saint-Fargeau, Louis-Michel de Lepeletier (1760-1793), Marquês de, 91

Saint-Just, Louis Antoine Léon de (1767-1794), 30, 90, 92

Saint-Simon, Claude Henri de Rouvroy (1798-1857), Conde de, 95

Salento, 75, 77

Segurança, 14, 44, 86, 89, 111

Serres, Olivier de (1539-1619), 77

Shulgi, 13

Silva Figueiró, 9

Socialismo, socialistas, 15, 22-23, 26, 36, 38, 51, 56, 58-61, 63-64, 67, 72, 76, 80, 83, 86-88, 91, 95, 97, 99-02

Sociedade, 14, 27-28, 32, 34-35, 37-38, 48-49, 51, 53, 55-56, 62, 65-68, 70-72, 83, 85, 87-88, 90, 96-98, 102-04, 113

Sólon (640-558 a.C.), 13, 83, 87, 91

Sufrágio universal, 31, 50-53, 98, 101-103

T

Tarifa, 29, 34-35, 37, 55, 58, 67, 109, 114

Telêmaco, 75-76

Terror como meio de governo republicano, 93

Terror revolucionário, 91-92

Thiers, Louis Adolphe Marie Joseph (1797-1877), 100, 110

Tiro, 82

Trabalho, 44, 46, 56, 60, 63-65, 67, 71, 74, 79-80, 89, 95-98, 101, 103, 106, 108-09, 111-12

U

Ulisses, 75-76

Universalidade, 46, 63, 69

Ur-nammu, 13

V

Vaucanson, Jacques de (1709-1782), 113

Vícios e virtudes, 66, 104

Vida, 19-20, 26-27, 33, 37, 41-42, 52, 61, 72-73, 77, 80, 82-83, 88, 100, 108

Virtude, 72, 75, 77, 79, 82, 85-87, 92-93, 96, 102

A trajetória pessoal e o vasto conhecimento teórico que acumulou sobre as diferentes vertentes do liberalismo e de outras correntes políticas, bem como os estudos que realizou sobre o pensamento brasileiro e sobre a história pátria, colocam Antonio Paim na posição de ser o estudioso mais qualificado para escrever a presente obra. O livro *História do Liberalismo Brasileiro* é um relato completo do desenvolvimento desta corrente política e econômica em nosso país, desde o século XVIII até o presente. Nesta edição foram publicados, também, um prefácio de Alex Catharino, sobre a biografia intelectual de Antonio Paim, e um posfácio de Marcel van Hattem, no qual se discute a influência do pensamento liberal nos mais recentes acontecimentos políticos do Brasil.

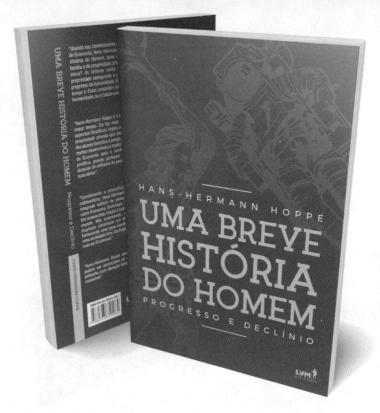

Uma Breve História do Homem: Progresso e Declínio de Hans-Hermann Hoppe, em um primeiro momento, narra as origens e os desenvolvimentos da propriedade privada e da família, desde o início da Revolução Agrícola, há aproximadamente onze mil anos, até o final do século XIX. O surgimento da Revolução Industrial há duzentos anos e análise de como esta libertou a humanidade ao possibilitar que o crescimento populacional não ameaçasse mais os meios de subsistência disponíveis são os objetos da segunda parte. Por fim, no terceiro e último capítulo, o autor desvenda a gênese e a evolução do Estado moderno como uma instituição com o poder monopolístico de legislar e de cobrar impostos em determinado território, relatando a transformação do Estado monárquico, com os reis "absolutos", no Estado democrático, com o povo "absoluto".

Nascido em 1917 e tendo falecido em 2001, o diplomata, economista e parlamentar Roberto Campos foi um dos mais importantes pensadores liberais brasileiros do século XX, sendo uma figura central no projeto de modernização de nosso país. No contexto após a abertura democrática, tanto como senador e deputado federal quanto como colunista de grandes jornais, foi um crítico do intervencionismo da Constituição Brasileira de 1988 e das nefastas consequências dela para a sociedade. Na coletânea *A Constituição Contra o Brasil*, organizada pelo embaixador Paulo Roberto de Almeida, estão reunidos 65 ensaios de Roberto Campos sobre a temática, escritos entre 1985 e 1996, que ainda guardam uma impressionante atualidade, além de incluir três importantes estudos do organizador.

Liberdade, Valores e Mercado são os princípios que orientam a LVM Editora na missão de publicar obras de renomados autores brasileiros e estrangeiros nas áreas de Filosofia, História, Ciências Sociais e Economia. Merecem destaque especial em nosso catálogo os títulos da Coleção von Mises, que será composta pelas obras completas, em língua portuguesa, do economista austríaco Ludwig von Mises (1881-1973). Estas são edições críticas, nas quais em cada volume são acrescidos apresentações, prefácios e posfácios escritos por grandes especialistas brasileiros e estrangeiros no pensamento misesiano, além de notas do editor. Tratam-se de livros indispensáveis para todos que desejam compreender melhor o pensamento liberal expresso por um de seus maiores expoentes.

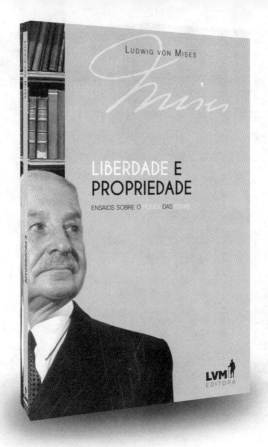

Liberdade e Propriedade é o texto integral da conferência ministrada em 1958 por Ludwig von Mises, no encontro da Mont Pelerin Society, realizado nos Estados Unidos. O livro reúne também um ensaio do economista austríaco sobre o papel das doutrinas na história humana e outro sobre a ideia de liberdade como um atributo da civilização ocidental, além das considerações do autor acerca do projeto de F. A. Hayek para a criação da Mont Pelerin Society, bem como o discurso deste último na abertura da primeira reunião desta instituição, ocorrida em 1947, na Suíça. Nesta edição foram inclusos um prefácio de André Luiz Santa Cruz Ramos, uma apresentação de Jörg Guido Hülsmann e um posfácio de Claudio A. Téllez-Zepeda.

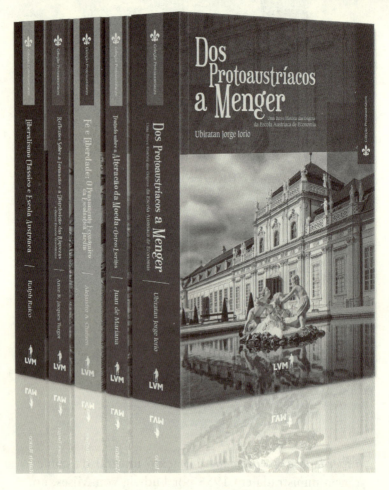

Visando cumprir parte da missão almejada pela LVM Editora de publicar obras de renomados autores brasileiros e estrangeiros nas áreas de Filosofia, História, Ciências Sociais e Economia, a Coleção Protoaustríacos lançará em português inúmeros trabalhos de teólogos, filósofos, historiadores, juristas, cientistas sociais e economista que influenciaram ou anteciparam os ensinamentos da Escola Austríaca Economia, além de estudos contemporâneos acerca dos autores que, entre a Idade Média e o século XIX, ofereceram bases para o pensamento desta e de outras importantes vertente do pensamento liberal.

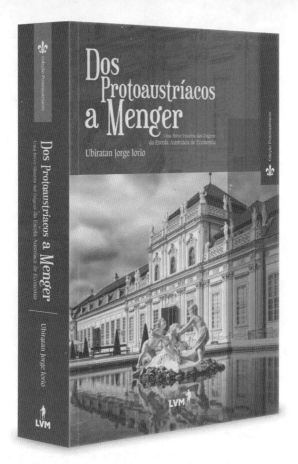

A presente obra é uma apresentação histórica das contribuições teóricas de diversos autores considerados precursores da Escola Austríaca de Economia. Em doze capítulos são apresentas a biografia, as principais ideias e as contribuições específicas de determinados pensadores à tradição austríaca. Iniciando com os teólogos pós-escolásticos, especialmente Juan de Mariana, o livro analisa o pensamento, dentre outros, de Richard Cantillon, de Jean-Baptiste Say, de Frédéric Bastiat, de Hermann Heinrich Gossen, de Gustave de Molinari e de Carl Menger. O livro possui uma nota editorial de Alex Catharino, um prefácio de Fabio Barbieri, um proêmio de Claudio A. Téllez-Zepeda e um posfácio de José Manuel Moreira.

Acompanhe a LVM Editora nas redes sociais

https://www.facebook.com/LVMeditora/

https://www.instagram.com/lvmeditora/

Esta obra foi composta pela BR75
na família tipográfica Sabon e impressa
pela PlenaPrint para a LVM em novembro de 2022